Sofja Tolstaja

Eine Frage der Schuld

*Anläßlich der «Kreutzersonate»
von Lew Tolstoi*

Roman

*Kurze Autobiographie der Gräfin Sofja
Andrejewna Tolstaja*

Aus dem Russischen
von Alfred Frank und Ursula Keller

Nachwort von Ursula Keller

btb

Titel der russischen Ausgaben:
«Tschja wina? Po powodu ‹Krejzerowoi sonaty› Lwa
Tolstowo» (1893 / 1994)
«Kratkaja awtobiografija gr. Sofji Andrejewny Tolstoi»
(1913 / 1921)

Verlagsgruppe Random House FSC-DEU-0100
Das für dieses Buch verwendete FSC-zertifizierte Papier
Munken Pocket liefert Arctic Paper Munkedals AB, Schweden.

3. Auflage
Genehmigte Taschenbuchausgabe Juni 2010,
btb Verlag in der Verlagsgruppe Random House GmbH, München
Copyright © der deutschsprachigen Ausgabe 2008
by Manesse Verlag, Zürich
in der Verlagsgruppe Random House GmbH, München
Umschlaggestaltung: semper smile, München unter Verwendung
des Gemäldes «Porträt der Gräfin Warwara Mussina-Puschkina
(1895)» von Valentin Serow
Druck und Einband: CPI – Clausen & Bosse, Leck
NB · Herstellung: SK
Printed in Germany
ISBN 978-3-442-74109-0

www.btb-verlag.de

ERSTER TEIL

I

Es war ein wundervoller, klarer, jubilierender Tag. Ein wahres Fest sommerlicher Blütezeit. Wie schön und heiter waren der lichte blaue Himmel, die heißen Sonnenstrahlen, die in den üppigen Bäumen und blühenden Büschen zahlreich lärmenden Vögel! Und wie herrlich spiegelte in der Ferne ein tiefer blauer See den Himmel und die farbenfrohe, saftige, reiche Flora seiner Ufer.

Einen genauso festlichen, blühenden und heiteren Anblick boten die beiden Mädchen, die den Weg vom See zu dem großen weißen Steinhaus entlangliefen – barfuß, die Schuhe in den Händen, die nassen Handtücher über die Schultern geworfen, die Haare aufgelöst. Das Barfußlaufen nicht gewohnt, traten die ungebräunten kleinen Füße zaghaft und leicht, von der Berührung wie erschauernd, auf das taufeuchte Gras, und die Mädchen lachten laut.

«Nicht, daß uns noch jemand sieht», sagte die eine.

«Na und, muß uns das peinlich sein?» fragte die andere mit erstaunt geweiteten Augen. «Die Bauersfrauen laufen doch alle barfuß.»

«Das stachelt aber, tut richtig weh.»

«Ist doch nicht schlimm, du mußt so laufen, leichtfüßig!»

Das schwarzäugige zierliche Mädchen rannte so schnell los, daß es völlig außer Atem, rot und erregt auf der Terrasse des Hauses ankam; um sich blickend, besann es sich plötzlich und blieb, schrecklich verlegen, wie angewurzelt stehen.

«Was hast du, Anna?» fragte die Mutter streng und verwundert und betrachtete ihre verwirrte Tochter vom Kopf bis zu den Füßen.

«Natascha und ich haben gebadet, und... und... wir haben ausprobiert, wie es sich barfuß läuft. Wir wußten nicht...», sagte Anna und suchte dabei ihre Füße zu verstecken.

Sie warf einen schrägen Blick auf die ihr hingestreckte Hand, dann sah sie dem Besucher, der sich vom Teetisch erhoben hatte, in die Augen und reichte ihm mit einem schuldbewußten Lächeln die ihrige. «Ich wußte nicht, daß Sie hier sind. Guten Tag, Fürst... Ich bin gleich wieder da.»

Und schon war das Mädchen weg. Ohne innezuhalten, huschte auch das andere vorbei.

Der Mann, der Anna die Hand hingestreckt hatte, war ein alter Bekannter ihrer Mutter, der etwa fünfunddreißigjährige Fürst Prosorski, der auf der Durchfahrt von seinem abgelegenen Gut hin und wieder bei den Ilmenews vorbeikam. Er kannte die Kinder von klein auf, mochte die schlichte, fröhliche Lebensart des ganzen Hauses und hatte sich bereits des öfteren am Anblick der heranwachsenden Mädchen erfreut.

Als Anna und Natascha nacheinander ins Haus geschlüpft waren, lächelte er noch lange froh. Eine ganze Weile schon hatte er bei den Ilmenews keinen Besuch mehr gemacht, und wie es oft zu sein pflegt, in den Jahren, die er im Ausland verbracht hatte, war mit den Mädchen etwas vor sich gegangen. Sie hatten aufgehört, Mädchen zu sein, und waren unversehens ins Frauenalter eingetreten.

Der Fürst fühlte das dunkel, ohne sich über irgend etwas Rechenschaft abzulegen, und wieder ging ihm das Bild der schlanken bloßen Beine, der dunklen aufgelösten Haare auf Annas zurückgeworfenem Kopf und ihre geschmeidige Gestalt unter dem weiten weißen Morgenkleid durch den Sinn.

«Mein Gott, wie schön ist es hier!» sagte er, die Augen auf die Tür geheftet, hinter der die Mädchen verschwunden waren, und spürte in sich einen jugendlichen, belebenden geistigen Aufschwung. «Wie froh, wie heiter! Ach, die Jugend!» fügte er seufzend hinzu. «Dahingegangen ist unsere Jugend, Olga Pawlowna, aber sich an ihr zu ergötzen ist keinem benommen.»

«Nun, würde die Jugend ewig währen, dann wüßte man sie nicht zu schätzen... Meinen Sie, die Leute schenkten ihr Beachtung oder schätzten sie? Nicht im geringsten», urteilte Olga Pawlowna ruhig.

Nachdem sie noch ein wenig mit dem Fürsten geplaudert hatte, entschuldigte sie sich mit der Bemerkung, nach dem Rechten sehen zu müssen, zum Frühstück würden sich jedoch alle versammeln.

«Hier sind Zeitungen, Fürst, lesen Sie einstweilen, ein interessanter Artikel über die Zustände in Frankreich ist dabei.»

Olga Pawlowna entfernte sich, während die beiden Schwestern bald wieder zur Stelle waren. In den dunklen Kleidern von strenger Schlichtheit, die sie jetzt trugen, und mit ihrem glattgekämmten Haar wirkten sie ziemlich steif.

«Schade, daß Sie sich umgezogen haben», sagte der Fürst. «Jetzt sind Sie wohlanständige Fräuleins, vorher sahen Sie hübscher und auch natürlicher aus.»

«So ist es schicklicher», sagte Natascha, die sich Kaffee eingoß.

«Alles nur Vorurteile», bemerkte Anna kurz. «Was man gewohnt ist, das ist schicklich», fügte sie hinzu und begann rasch wie ein Vogel eine Beere nach der anderen aus ihrem Schälchen zu picken.

«Sind Sie frohgemut?» erkundigte sich der Fürst.

«Schrecklich!» erwiderte Anna. «Natascha und ich haben so schöne Beschäftigungen. Ich lese jetzt Philosophie und schreibe eine Erzählung. Natascha findet sie gut: Ich lese ihr jeden Abend vor, was ich morgens geschrieben habe.»

«Und was für Philosophie lesen Sie?»

«Dmitri Iwanowitsch hat mir jetzt Büchner und Feuerbach gegeben.[1] Er meint, das brauche ich für meine geistige Entwicklung. Und mir ist alles restlos klargeworden! Ich verstehe, daß einen derart einleuchtende Beweise auch zur Materialistin machen können.»

«Wie alt sind Sie denn?»

«Bald achtzehn.»

«Geben Sie Büchner und Feuerbach auf, verderben Sie sich Ihre reine Seele nicht. Sie können sie nicht begreifen und werden nur die Orientierung verlieren.»

«Durch das Lesen von Philosophie? Niemals! Im Gegenteil, ich werde Aufschluß über mich selbst und meine Zweifel finden. Ich habe auch Ihre Aufsätze gelesen, aber sie sind schwierig, ich kann damit noch nicht sehr viel anfangen.»

«Wovon handelt denn Ihre Erzählung?»

«Davon, wie man lieben muß. Sie werden sie nicht verstehen. Natascha, ja, die versteht sie ganz wunderbar.»

«Das Verstehen bereitet keine Schwierigkeiten, Anna ist bloß allzu sentimental. Sie träumt von einer Liebe, die rein und ideal sein muß, fast so wie ein Gebet», sagte Natascha.

«Wie verträgt sich das mit dem Materialismus, Anna Alexandrowna? Da sind Sie schon in der Klemme...»

«Ach, da ist ja der Schmetterling, den Mischa für seine Sammlung gesucht hat», schrie Anna plötzlich auf und stürzte mit flinken, kräftigen Beinen zur Brüstung der Terrasse, um einen großen dunklen Schmetterling zu fangen.

Der Fürst erglühte beim Anblick der graziösen Figur Annas, die, den Schmetterling in der Hand, von der Brüstung heruntersprang.

«Wir sollten einen Spaziergang machen, einen ganz langen, und Mischa mitnehmen», schlug Natascha vor.

Alle stimmten zu, holten ihre Hüte, riefen den kleinen Mischa und beschlossen, ins Nachbardorf zu dessen Amme zu gehen.

Der Weg führte durch Felder, es war staubig und heiß; alle bewegten sich träge, und das Gespräch wollte nicht recht in Fluß kommen. Anna ging voraus; der Fürst holte sie ein und sagte lächelnd: «Wie klar und einfach alles in Ihrem Leben ist! Und sosehr Sie auch danach trachten, sich Fragen zu stellen, für Sie gibt es einfach keine, kann es sie gar nicht geben. Sie selbst mit Ihrer Jugend, mit Ihrer Klarheit und Ihrem Glauben an das Leben – Sie selbst sind die Antwort auf alle Zweifel. Gott, wie ich Sie beneide!»

«Nein, beneiden Sie mich nicht. Ich bin voller Zweifel, und ... ich bin so unentwickelt», fügte sie traurig hinzu. «Seit ich begriffen habe, daß alles auf der Welt lediglich Bewegung ist und das Verhältnis der Atome zueinander, weiß ich nicht, ob es Gott gibt. Dmitri Iwanowitsch – Sie kennen ihn, das ist der Student, der uns aus Sosnowka besuchen kommt – meint, Gott sei Einbildung, einen göttlichen Willen gebe es nicht, alles werde durch das Gesetz der Natur bestimmt.

Das sind ja alles bloß Worte eines Ungläubigen. Möglicherweise hat er auch recht, aber ich kann noch nicht alles begreifen. Manchmal verlangt es mich so sehr zu beten – aber zu wem?»

«Sie sollten auf niemanden hören. Dmitri Iwanowitsch verunsichert Sie, und das ist nicht gut», sagte der Fürst, den Blick auf die Durchsichtigkeit der Haut an Annas Schläfen geheftet, durch die feine blaue Äderchen pulsten.

Sie wurde rot. «Daß er mich verunsichert, ist wahr. Aber er bemüht sich so um meine Entwicklung! Mischa, Mischa, wo willst du hin?» schrie sie plötzlich auf.

Aber es war schon zu spät. Mischa, auf den keiner geachtet hatte, war nicht mit über die Brücke gegangen, sondern um sie herum in den Sumpf hinein und bis zu den Knien eingesunken. Der Fürst hielt ihm seinen Stock hin und zog ihn heraus. Mischa war jedoch schon ganz durchnäßt. Natascha, die in einiger Entfernung Blumen zum Trocknen gesammelt hatte, rannte herbei und begann ihn mit Gras und Tüchern abzureiben, wobei sie ihn mit ärgerlicher Stimme ausschimpfte. Anna lachte. Weiterzugehen kam nun nicht mehr in Frage, sie sahen sich gezwungen umzukehren.

Am Abend erschien auch Dmitri Iwanowitsch

vom Nachbargut, ein flachsblonder blasser Student mit Brille und ungehemmtem Auftreten. Ohne sich vor irgend jemandem zu genieren, wich er den ganzen Abend nicht von Annas Seite. Sie saßen, mit der Lektüre eines Buches beschäftigt, zusammen auf der Vortreppe zur Terrasse, und Dmitri Iwanowitsch hielt fortwährend im Vorlesen inne, um Anna eifrig das Darwinsche System auseinanderzusetzen.

Dem Fürsten blieb nichts anderes übrig, als mit der zum Tee wiedererschienenen und zu Anna und ihrem Gesprächspartner hinüberschielenden Olga Pawlowna vorliebzunehmen, da Natascha nicht bei Laune war und aus irgendeinem Grund wenig Neigung zeigte, sich mit dem Fürsten zu unterhalten.

Als er am späten Abend aufbrach, sagte er, auf der Durchfahrt von Petersburg zu seinem Dorf werde er auf jeden Fall wieder vorbeikommen. Beim Abschiednehmen warf er Dmitri Iwanowitsch einen ärgerlichen Blick zu und gab ihm wie versehentlich nicht die Hand.

«Ja, für ihn spricht die Jugend», dachte der Fürst, und als er das Haus der Ilmenews verlassen hatte und seinen Blick auf den bestirnten Himmel und den jetzt dunkel daliegenden See mit der rätselhaften bewaldeten Ferne an seinen Ufern richtete, war ihm, als wäre alles auf der Welt plötzlich verloschen, alles Glück irgendwo hinter ihm zurückgeblieben, untergegangen in dieser geheimnisvollen Nacht, und es schauderte ihm.

«Dieses Mädchen, das unlängst noch ein Kind gewesen ist, das ich auf dem Arm gehalten habe, und ich – nein, das ist unmöglich!» Es benahm ihm den Atem. «Es kann nicht sein! Was ist das? Wieder das gleiche, und zum wievielten Mal schon! Doch nein, das ist nicht das gleiche, das ist etwas Neues!»

Abermals trat ihm Anna vor Augen, und in Gedanken entblößte er ihre schlanken Beine und ihren ganzen schmiegsamen, kräftigen jungfräulichen Körper.

«Und die Augen! Schwarz wie die Nacht und klar, ohne Falsch... Was ist sie für ein Wesen? Etwas ganz Besonderes. Aber wann ist *das* bloß geschehen? Warum scheint mir auf einmal, daß ich nicht ohne diese klaren Augen, ohne diesen reinen, fröhlichen und lieben Blick leben kann? Vor kurzem noch habe ich diese Mädchen so gleichmütig und mit solcher Freude betrachtet... Und jetzt? Plötzlich habe ich erkannt, daß sie eine Frau ist, daß es niemanden außer ihr gibt, und ich muß, ja ich kann nicht anders, als von diesem Kind Besitz zu ergreifen...»

Das Blut schoß dem Fürsten in den Kopf. Er kniff die Augen zu, um sich Anna deutlicher ins Gedächtnis zu rufen; die Kutsche rollte schaukelnd den Feldweg entlang, ihr Dahinfahren wiegte ihn ein und verstärkte sein Wonnegefühl und sein Begehren in dieser wundervollen Sommernacht.

II

Tags darauf saßen in einem geräumigen hellen Zimmer des Obergeschosses die beiden Schwestern zusammen am Tisch. Natascha nähte, und Anna las ihr mit bewegter Stimme ihre Erzählung vor. Das große italienische Fenster war weit geöffnet, die Luft von Geräuschen und Unruhe erfüllt: Im See quakten die Frösche, im Garten sangen die Nachtigallen, und vom Dorf klang der Gesang von Männerstimmen herüber. Annas Stimme zitterte leicht beim Lesen.

«‹In einem kleinen, ärmlich eingerichteten Zimmer saß eine junge Frau und nähte fleißig etwas Großes und Weißes. Hin und wieder blickte sie zum Fenster und lauschte seufzend auf die Schritte draußen, die der Vogel in seinem Käfig über ihr mit seinem Gesang beinahe übertönte. Die junge Frau hatte vor kurzem geheiratet und erwartete ihren Mann vom Unterricht zurück. Sie waren beide arm, arbeiteten beide, doch...›»

«Und das sind deine Ideale, Anna? Oh, daß du dich mal nicht täuschst! Man kann doch nicht Blümchen und Vögelchen zu seinem alleinigen Lebensinhalt machen, zumal wenn man arm ist! Es gibt auch die Prosa des Lebens: Krankheiten, Küche, Unzulänglichkeiten, Streit... Das aber übergehst du im Leben wie in deiner Erzählung.»

«All das sollte es nicht geben, das heißt, damit darf man sich nicht abfinden. Allein ein geistiges Leben sollte man führen, alles andere ist Nebensache. Ich fühle mich imstande, eine solche geistige Höhe zu erreichen, daß ich niemals Hunger verspüren werde. Ein Stück Brot genügt doch zum Leben, nicht wahr? Nun, das wird man mir reichen. Weißt du, Natascha, manchmal, wenn ich renne, ist mir – ein bißchen nur noch, nur noch kräftig vom Erdboden abstoßen, und ich fliege los. Genauso verhält es sich mit der Seele, ja mit ihr erst recht, sie muß stets bereit sein davonzufliegen – dorthin, in die Unendlichkeit... Ich weiß das und fühle es! Daß das niemand begreifen will!»

«Wie kann man denn auf der Erde ein unirdisches Leben führen?» wollte Natascha wissen. «Gestern noch hast du davon gesprochen, daß man unbedingt heiraten müsse. Nun, in der Ehe, mit Kindern und den Sorgen wirst du mit einem dir gereichten Stück Brot nicht überleben und nirgendwo hinfliegen.»

Anna wurde nachdenklich. «Ja, wenn man die Ehe so wie ihr alle betrachtet, dann ist es besser, überhaupt nicht zu heiraten. Vor allem braucht man Liebe, und sie muß über allem Irdischen stehen, vollkommen sein... Ich kann das nicht erklären, ich fühle es nur.»

«Genug jetzt, Anna. Komm, gehen wir hinunter. Dmitri Iwanowitsch ist auch schon da. Anna, liebst du ihn?»

«Ich weiß es nicht. Ich unterhalte mich gern mit ihm, aber wenn ich ihm abends die Hand gebe und er sie drückt, so auf ganz besondere Weise, und seine Hand schweißig ist, wird er mir auf einmal dermaßen zuwider! Doch er kennt sich aus in allem, worauf es ankommt, glaube ich, er ist gebildet und klug, er hat seine eigenen Ideale.»

Die Schwestern gingen nach unten. Auf der Terrasse war niemand außer Dmitri Iwanowitsch und Mischas Lehrer. Sie sprachen über die Verhältnisse an der Universität und tranken Tee. Anna fragte Dmitri Iwanowitsch, ob er ihr etwas Hübsches zu lesen mitgebracht habe.

«Was verstehen Sie unter hübsch?» wollte er wissen und brachte aus seiner Jackentasche Gedichte Tjuttschews[2] zum Vorschein. «Das habe ich zufällig bei mir», sagte er.

Anna schlug das Bändchen auf und blätterte darin. «Ich kenne dieses Buch. Und wie ich diese Gedichte liebe! ‹Tränen, o Tränen, von Menschen vergossen›», las sie. «Das kann ich auswendig. ‹Ströme, noch nie zum Versiegen gebracht…›[3] Ja, das sind die schmerzlichsten Tränen, viele dieser Tränen werde ich in meinem Leben vergießen müssen.»

«Ich habe den Eindruck, Sie persönlich werden keine vergießen müssen. Sie sind immer so heiter, so fröhlich. Nur zu träumerisch veranlagt, Anna Alexandrowna. So kommt man nicht durchs Leben.»

«Wie sonst, Ihrer Meinung nach?»

«Man muß vor allem gesellschaftliche und irdische Interessen zu seinem Lebensinhalt machen, Anteil nehmen an den Belangen der Menschheit, anstatt sich immerzu mit seiner inneren Schwäche abzuquälen.»

«Und was ist dazu nötig?»

«Auf jeden Fall, daß man aufhört, in den Wolken zu schweben, und tätig wird. Versuchen Sie, vernunftvoller zu leben, Anna Alexandrowna, ohne Vorurteile und – vor allem – ohne weinerliche religiöse Heuchelei.»

«Versuchen kann man es», sagte Anna traurig. «Aber was ist das für ein Ausdruck – ‹weinerliche religiöse Heuchelei›? Gehören Sie denn keiner Religion an? Kann man überhaupt ohne sie leben? Sagen Sie, glauben Sie an Gott?»

Dmitri Iwanowitsch lächelte spöttisch und herablassend. «Was gefällt Ihnen denn so an dem Wort ‹Gott›?»

«Nicht das Wort brauche ich, sondern die göttliche Idee. Und diese Idee werde ich Ihnen nicht opfern, hören Sie?» versetzte Anna plötzlich hitzig. «Wenn es keinen Gott gibt, dann gibt es auch mich nicht, nichts gibt es, gar nichts... Kein Leben!» Annas Gesicht glühte, ihre Augen funkelten, ihre Stimme bebte, den Tränen nahe, wandte sie sich ab und verstummte.

Dmitri Iwanowitsch war im Begriff, wieder ironisch zu lächeln, doch als er sie ansah, wurde ihm unwohl in seiner Haut, und er schlug die Augen nieder.

Die Nacht brach an. Der Mond war längst aufgegangen und beschien unweit des Hauses eine kleine Lichtung am See. Die Umrisse des dunklen Grüns der sie einfassenden Bäume zeichneten sich vor dem Hintergrund des hellen Himmels noch dunkler ab. Dieses Licht aus der Dunkelheit lockte so sehr, daß Anna, als alle bereits schlafen gegangen waren, den Blick auf die Lichtung gerichtet, noch lange auf der Terrasse stand. Das Chaos der Gedanken, die sie in letzter Zeit aufgrund der Lektüre philosophischer Bücher und der Gespräche mit Dmitri Iwanowitsch beschäftigten, schien sich langsam aufzulösen.

Ein Rascheln im Garten ließ sie zusammenzucken. Aus dem Dunkel schritt Dmitri Iwanowitsch auf sie zu. Er kam vom Nebengebäude her, in dem Mischas Lehrer wohnte, um sich durch den Garten auf den Heimweg zu machen, doch als er Anna bemerkte, stieg er zur Terrasse herauf und trat zu ihr. Ärgerlich darüber, daß er sie in ihrer Stimmung störte, hielt sie, statt ihn anzusehen, ihren Blick schweigend auf die mondbeschienene Lichtung und in die Ferne jenseits des Sees gerichtet.

«Wie entflammt Sie aussahen, als Sie von Gott sprachen, Anna Alexandrowna!»

Anna schwieg mißmutig.

«Anna Alexandrowna, wieviel Feuer und Energie Sie haben! Aus Ihnen könnte eine tätige, großartige Frau werden, wenn Sie einem aufgeklärten Menschen Ihr Vertrauen schenken, sich seinem Einfluß anvertrauen würden, wenn Sie ihn liebgewännen...»

Dmitri Iwanowitsch stahl sich leise an Anna heran, faßte nach ihrer Hand und drückte unvermutet einen Kuß darauf.

Was in diesem Augenblick mit Anna geschah, hatte er in keiner Weise erwartet. Dieses grazile, zarte Mädchen verwandelte sich in eine Furie. Ihre schwarzen Augen schleuderten zornige Blitze gegen Dmitri Iwanowitsch, daß er zur Salzsäule erstarrte. Sie entriß ihm ihre Hand, drehte sie angeekelt herum, um sie an ihrem Kleid abzuwischen, und schrie: «Wie können Sie es wagen! Pfui, was für eine Niedertracht! Ich... ich hasse Sie!»

Scham, Verzweiflung, Wut wegen der Störung ihrer andächtigen Stimmung – alles stieg in ihr auf. Sie stürzte davon, geradewegs ins Schlafzimmer ihrer Mutter, und warf sich laut schluchzend auf deren Liegestatt.

Olga Pawlowna, die bereits im Hinüberdämmern war, bekam einen furchtbaren Schreck. «Was ist passiert? Was hast du?»

«Mama, wie konnte er es wagen! Dmitri Iwanowitsch hat mir soeben auf der Terrasse die Hand geküßt. Was für eine Niedertracht!»

Anna griff das Eau-de-Cologne-Fläschchen von der Frisiertoilette, um, immer noch schluchzend, Dmitri Iwanowitschs Kuß abzuwaschen.

«Wo hast du ihn denn gesehen?»

«Er... nein, ich war auf der Terrasse und betrachtete den Mond, da kreuzte er auf, ich fand das ärgerlich, er sagte etwas, aber ich wollte allein sein, und plötzlich packte er unversehens meine Hand und drückte einen Kuß darauf.» Anna zuckte zusammen und wischte ihre feingliedrige Hand abermals an ihrem Kleid ab.

«Das geschieht dir ganz recht. Was ist das für eine Art, als junges Mädchen allein auf der Terrasse zu bleiben, wenn das ganze Haus schläft», sagte Olga Pawlowna unwillig. «Aber beruhige dich doch», fuhr sie sanfter fort, «ich werde Dmitri Iwanowitsch schreiben und ihn bitten, seine Besuche einzustellen.»

«Bitte, Mama!»

«Schon gut, geh schlafen. Mir haben eure Gespräche ohnehin mißfallen. Geh schon, deine Schwester hat sich längst hingelegt.»

Anna konnte sich nicht so bald beruhigen. Oben in ihrem Zimmer angekommen, saß sie noch lange still am Tisch, um ihr erregtes Herz zu besänftigen, bevor sie endlich ihr Tagebuch zur Hand nahm, um zu notieren:

«Ja, diese Liebe war ein Fehler, trügerische Einbildung. Was will ich eigentlich, was macht mich unzufrieden? Was zerreißt mir so das Herz? Verlangt es die Jugend nach Leben, wo es doch gar kein wahres Leben gibt, oder tun mir alle leid, die unglücklich sind? Glücklich sind alle Egoisten. Wodurch wird den Menschen das Glück zuteil? Durch das Schicksal?... Was ist denn das Schicksal überhaupt? Ein Naturgesetz, Bewegung des Universums, göttlicher Wille. Göttlicher, ja, zweifellos. Es tut gut, zu Gott zu beten! Wenn das Gebet aber nur ein Spiel für die Gramgebeugten ist? Ich jedenfalls kann nicht damit brechen. Ich kann nicht akzeptieren, daß alles auf der Welt nichts anderes sein soll als Bewegung der Atome, daß ich nur deshalb gut oder böse bin, weil das Wetter gut oder schlecht ist, daß Menschen moralisch sind, weil ihr Blut sich langsamer bewegt und ihnen Leidenschaft fehlt, daß eine gewisse Verbindung von Teilchen der Materie Umwälzungen in den Menschen und ihren Schicksalen auslöst... Lieber Gott, was für ein Chaos herrscht in meinem Kopf! Wie rätselhaft ist alles auf der Welt, wie armselig bin ich, wie unentwickelt, kraftlos und verwirrt... Lieber Gott, hilf mir, erleuchte mich!...»

Anna warf das Tagebuch in den Tischkasten, kniete nieder und betete lange. Eine Ewigkeit hatte sie das nicht mehr getan. Ein solches Bedürfnis zu beten überkommt die Menschen entweder bei großem Leid oder bei großem moralischem Wachstum. So verhielt es sich bei Anna.

Als sie sich erhob, erschöpft und zerschlagen, fühlte sie, daß sich mit ihr etwas vollzogen hatte und von nun an alles anders sein würde. Sie legte sich ins Bett, löste die rosa Bänder des weißen Musselinvorhangs und ließ ihn herabfallen.

Alles war verstummt, kein Laut von draußen zu hören. Traurig blickte der blasse Sommerhimmel drein, auf der einen Seite angeleuchtet von dem soeben hinter dem Horizont versunkenen Mond, auf der anderen von der noch nicht aufgegangenen Sonne.

Die Augen auf das Fenster gerichtet, zitterte Anna nervös und sank in einen unruhigen Schlaf.

III

Für Anna brach unmerklich eine ganz neue Phase ihres Mädchenlebens an. Es war, als hätte sie alles Suchen und Zweifeln, all die Fragen und die ihrem Leben angelegten geistigen Fesseln von sich abgeschüttelt. Die Jugend verlangte ihr Recht. Die sorglose, fröhliche Anna begann der göttlichen Welt mit solch mutiger Klarheit in die Augen zu sehen, als hätte sie neue freudvolle Seiten an ihr entdeckt, die ihr bisher verborgen geblieben waren.

«Natascha, ich will jetzt bei mir Ordnung schaffen», sagte sie einmal zu ihrer Schwester, während sie ihr Malzeug zusammensuchte. «Solange es nicht zu trübe ist, werde ich den ganzen Herbst über mit Ölfarben malen, und zwar täglich. Nach dem Mittagessen spazierengehen, lesen und Tagebuch führen. Wenn du mit dem Unterricht in der Schule anfängst, helfe ich dir.»

«Na, das wage ich zu bezweifeln. Deine Hilfe kenne ich: Kommst für fünf Minuten angelaufen, plauderst ein bißchen, liest etwas Nutzloses vor – und das war es.»

«Ach, Natascha, deiner Ansicht nach braucht man bloß rechnen zu können. Für mich aber ist ethische Entfaltung noch wichtiger.»

«Und die sollen wir beide wohl in ein paar Wochen schaffen? Bis zu unserer Abfahrt nach Moskau haben wir für die Schule höchstens zwei Monate zur Verfügung. Geb's Gott, daß wir die Anfangsgründe fürs Lesen und Schreiben legen, an Entfaltung ist gar nicht zu denken.»

«Ja, wenn wir den ganzen Winter hierblieben!»

«Von wegen! Das geht nicht. Mama langweilt sich, und Mischa soll aufs Gymnasium.»

«Wann geht es denn los?» wollte Anna wissen.

«Morgen abend kommen die großen Mädchen, ich habe versprochen, ihnen vorzulesen. Und Montag mache ich die Schule auf. Ich muß das Ganze bloß selbst in Gang bringen, danach kann ich es dem Lehrer übergeben.»

«Nun, ich gehe jetzt, sonst wird es zu spät.» Damit griff Anna nach einer kleinen Leinwand, dem Farbkasten und einem Sonnenschirm, trat hinaus in den Garten und ging los in Richtung See. An der Stelle, die sie schon lange als außergewöhnlich malerisch ins Auge gefaßt hatte, steckte sie den Schirm in den Boden und machte sich an die Arbeit. Sie malte leicht und frohgemut. Der blaue Himmelsstreif zwischen den herabhängenden Ästen gelang ihr so gut, daß sie sich selbst an ihrem Bild ergötzte. Nervös bewegte sie ihre Hand zwischen Palette und Leinwand hin und her und war so von ihrer Arbeit in Anspruch genommen, daß sie nicht bemerkte, wie von hinten Fürst Prosorski an sie herantrat, der auf dem Rückweg von Petersburg den Ilmenews wieder einen Besuch abstattete.

«Hier finde ich Sie also», sagte er zu Anna. «Oh, wie schön Sie malen! Sie sind sehr begabt, das habe ich gar nicht gewußt.»

«Wirklich? Ich habe vor, viel zu arbeiten. Und wenn *Sie* das sagen, dann erst recht. Sie kennen sich ja in allem aus», fügte sie hinzu und sah dem Fürsten zutraulich und liebevoll in die Augen. Dieses Verhältnis hatte sie von klein auf zu ihm gehabt, ohne sich jemals des Warum bewußt geworden zu sein. Wahrscheinlich lag es daran, daß sie alle, angefangen bei der alten Kinderfrau, Olga Pawlowna und Mischa, den Fürsten schon so lange als Gast der Familie kannten und ihn liebgewonnen hatten. Als Nachbar von Olga Pawlowna stand er seit seiner Kindheit mit ihr auf vertrautem Fuße. Nachdem sie geheiratet und als Mitgift das Gut erhalten hatte, auf dem sie aufgewachsen war, hatte der Fürst seine gelegentlichen Besuche fortgesetzt. Später dann, als Witwe, konnte sie sich lange nicht entschließen, hierher zurückzukehren. Erst nach Jahren sah der Fürst sie wieder – ihre Töchter waren inzwischen groß geworden, und sie selbst war gealtert.

Fürst Prosorski war weniger schön als auf eine verfeinerte Art elegant. Seine umfassende Bildung und ein großes Vermögen hatten ihm überall die Türen geöffnet. Er war viel gereist und hatte eine stürmische, fröhliche Jugend verlebt, um schließlich, all dessen überdrüssig, auf dem Lande ansässig zu werden. Jetzt befaßte er sich mit Philosophie und hielt sich für einen großen Denker. Das war seine Schwäche. Er schrieb Aufsätze, und viele glaubten, er sei tatsächlich sehr klug. Nur sensible und kenntnisreiche Leute sahen, daß die Philosophie des Fürsten in Wirklichkeit überaus dürftig und lächerlich war. Seine Beiträge, die in Zeitschriften erschienen, hatten nichts Originelles, waren nichts als der Abklatsch abgenutzter Themen und Ideen von Denkern aus alten und neuen Zeiten. All das war jedoch so geschickt gemacht, daß der größte Teil der Leserschaft seine Aufsätze sogar mit einer gewissen Begeisterung las, und dieser kleine Erfolg bereitete dem Fürsten unendliche Freude.

Aber nicht das veranlaßte Anna, dem Fürsten zutraulich und liebevoll zu begegnen. Sie mochte seine ganz eigene, von großer Weltläufigkeit geprägte Anteil nehmende Freundlichkeit, die er allen Frauen entgegenbrachte und mit der er sie für sich einnahm. Auch Natascha und Anna hatten sich diesem Charme nicht entziehen können, so daß die Besuche des Fürsten für die ganze Familie jedesmal ein Fest waren. Er verstand es, wie sie gern scherzhaft sagten, interessante Fragen aufzuwerfen und die unterhaltsamsten Gespräche zu führen, Olga Pawlowna im richtigen Moment beim Legen einer Patience und Mischa bei seiner Schmetterlings- und Käfersammlung zu helfen, mit der alten Kinderfrau zu scherzen und dem Gesinde ein großzügiges Trinkgeld zu geben, «für Tee».

«Im Haus sind Sie schon gewesen, Fürst?» fragte Anna.

«Ja, ich habe alle gesehen und nach Ihnen gesucht. Und bin hierhergeschickt worden. Ohne Sie ist es drinnen ja wie in einer Laterne ohne Licht, alles dunkel und langweilig.»

«Das denken Sie doch nicht im Ernst? Was soll denn an mir sein?» fragte sie errötend. Es erschien ihr als unverhofftes Glück, daß dieser anziehende, von allen geliebte Fürst so von ihr sprach, einem völlig unbedeutenden jungen Mädchen, das er schon als Kind gekannt hatte. Und ihr fiel ein, was für ein schlechtes, ungebärdiges, faules und taktloses Kind sie gewesen war. Auch erinnerte sie sich, wie sachte und einfühlsam er ihr manchmal Einhalt geboten hatte, wenn sie sich, lebhaft und entschieden, wie sie war, zu überzogenen Äußerungen oder Handlungen hinreißen ließ. Sie hatte immer geglaubt, daß er sie verachte und Gefallen an Natascha finde, und heute nun lobte er plötzlich ihr Bild und sagte, daß er sich ohne sie langweile. Ein ungeahntes, ganz und gar unerklärliches Glücksempfinden bemächtigte sich ihrer.

Anna malte weiter. Sie konnte sich nicht losreißen vom Anblick der prächtigen über den See geneigten Hängebirke, deren weißer Stamm auf ihrem Bild unnatürlich anmutete, doch vor dem Hintergrund des bereits herbstlich bunten Laubes ungemein schön war. Sie fühlte den Blick des Fürsten auf sich, ihre Hand zitterte, und ihr Herz hämmerte.

«Genug, ich kann nicht mehr», sagte Anna schließlich. «Was ist mit mir, warum bin ich so aufregt?» dachte sie. «Bestimmt darum, weil er mich gelobt hat!» Es dunkelte und wurde frisch. Sie klappte den Schirm zu, packte ihre Sachen zusammen, die ihr der Fürst sogleich abnahm, und beide machten sich auf den Weg zum Haus.

Der Fürst ging hinterdrein und betrachtete mit dem Blick des Frauenkenners wohlgefällig ihren leichten und kräftigen Gang, der auf einen gesunden Organismus schließen ließ, erfreute sich daran, wie reizvoll auf dem schlanken runden Hals der kleine Kopf mit seinen malerisch-graziösen Bewegungen saß, an ihrem zierlichen Körper, um den sie ein Band geschlungen hatte. Der Wind wehte in einem fort die Bandenden und das ihre Beine umfangende Kleid zurück. Das feine schwarze Haar mit dem leicht rötlichen Schimmer verlieh ihrem Gesicht und ihrem Hals eine noch größere Zartheit und Blässe.

Als sich Anna kurz vor dem Haus nach dem Fürsten umwandte, verwirrte sie sein Blick. «Was ist mit ihm?» dachte sie. «Eben noch hat er mich so freundlich gelobt, und jetzt drücken seine Augen etwas Fremdes, ja Tierisches aus... Weshalb nur?»

Ja, weshalb? Ihre ganze Schuld bestand darin, daß ihre Gestalt, ihr Haar, ihre Jugend, das schöne Kleid und die schlanken Beine – daß all das ihrer kindlichen Unschuld unbekannte Verführerische diesen lebenserfahrenen Junggesellen erregte, hatte er doch in diesem Mädchen jenen seltenen Frauentyp erspürt, der unter dem unschuldigen, halb kindlichen Äußeren alle Eigenschaften einer impulsiven, leidenschaftlich-künstlerischen weiblichen Natur barg. Und wenngleich

in der Seele des Mädchens als Gegengewicht zu
ihrer Natur die höchsten Ideale von Religiosität und Keuschheit fest verwurzelt waren, wußte der Fürst letztere Eigenschaften weder zu
schätzen noch überhaupt wahrzunehmen. Erstere hingegen spürte er mit absoluter Sicherheit
und verschlang Anna deshalb mit diesem fast
animalischen Blick, der sie so verwirrte und erschreckte.

IV

Obwohl der Fürst die Heimfahrt hätte antreten
sollen und sogar davon gesprochen hatte, daß er
es nicht erwarten könne, seine Mutter wiederzusehen, brachte er es nicht fertig abzufahren und
erschien statt dessen tagtäglich bei den Ilmenews.
Er schützte Geschäfte in der nahe gelegenen
Kreisstadt vor und bat Olga Pawlowna um die
Erlaubnis, sich in ihrer netten Familie davon erholen zu dürfen. Alle freuten sich über die Gesellschaft des lieben Gastes, und so kam er Tag für
Tag. Er fühlte deutlich, daß es für ihn kein Zurück mehr gab. Seine Leidenschaft für Anna verstärkte sich von Mal zu Mal und gewann solche
Macht über ihn, daß er nächtelang nicht schlief,

von Zweifeln geplagt wurde und vor allem befürchtete, bei ihr auf Befremden statt auf Liebe zu stoßen, wenn er ihr einen Antrag machte.

Er wohnte in der Kreisstadt in einem schmutzigen Hotelzimmer, verzehrte sich nach Anna, schrieb ihr Briefe, die er mit sich herumtrug, ohne einen Entschluß fassen zu können. So vergingen zwei Wochen.

Unterdessen lebte Anna weiter ihr leichtes, fröhliches und auf seine Art sinnvolles Leben. Was kann glücklicher sein als diese jungfräuliche Ungebundenheit, die kluge, mit gesundem Menschenverstand gesegnete Mädchen so gut und vielseitig zu nutzen wissen und die abnorm veranlagte damit vergeuden, sich die Nerven zu strapazieren?

Anna malte, pflanzte zusammen mit dem Gärtner und den Bauernmädchen von ihr bestellte seltene Pflanzen und Bäume, die sie akklimatisieren wollte, schrieb Tagebuch, erteilte Mischa Musikunterricht und übte selbst schwierige Fugen von Bach. Außerdem war sie, Florinskis «Leitfaden der Heilkunde» bei der Hand, häufig im Dorf unterwegs zu den Kranken und richtete ihre ganze Aufmerksamkeit und Kraft darauf, solchermaßen ihre Unkenntnis und Unerfahrenheit auf diesem Gebiet wettzumachen.

Der Tag war auf nützliche und froh machende Weise ausgefüllt, und die ständige Anwesenheit des Fürsten, die dunkle Ahnung, daß er ihren Anblick genoß, verliehen Anna noch mehr Energie und Aufgeschlossenheit für alles. Wenn er einmal ausblieb, weil er Bedenken hatte, täglich zu erscheinen, kam ihr der Tag unvollkommen und trübselig vor, jegliches Tun verlor seinen Sinn. Sie wartete auf ihn, um ihm über alles zu berichten, was sie in seiner Abwesenheit erlebt hatte, vertraute ihm begierig ihre Interessen an, betrog sich dabei selbst – stand doch hinter seiner Anteilnahme sein bloßes Entzücktsein von ihrer Person – und erkannte nicht, daß ihm lediglich an ihrem Äußeren und ihrer Jugend gelegen war.

Natascha eröffnete die Schule mit abendlichem Leseunterricht für die Bauernmädchen. Sie widmete sich dieser Tätigkeit voller Hingabe und erstickte damit in sich einen gewissen Neid auf ihre Schwester angesichts deren Bevorzugung durch den Fürsten, den sie ebenso mochte wie alle anderen. Seine Begeisterung für Annas Lebensführung und ihre Betätigungen, die sie mit einer gewissen Verachtung betrachtete und für nutzlos hielt, verwunderte sie.

Es war Sonntag; in dem kleinen Nebengebäude, das als Schule diente, saß an einem schlichten Holztisch ein Dutzend Bauernmädchen. Einige lasen ernsthaft und konzentriert, mit dem Finger silbenweise über den Text in ihrem Buch fahrend, andere malten sorgfältig Buchstaben und flüsterten die geschriebenen Wörter vor sich hin. Die hochgewachsene hübsche Ljubascha saß neben Natascha und las flüssig eine Erzählung aus dem Bauernleben. Es war gemütlich in diesem zweckmäßig eingerichteten hellen kleinen Zimmer, doch alle wirkten müde und gelangweilt. Natascha gab sich große Mühe, verstand es aber nicht, ihren Unterricht lebendig zu gestalten.

Die Tür öffnete sich leise, und Anna trat ein. Sie ging lautlos zu einer Zimmerecke, setzte sich hin und hörte zu. Der Fürst war den ganzen Tag nicht dagewesen, und sie hatte Sehnsucht nach ihm, ohne sich das eingestehen zu wollen. Auf dem Tisch lag ein Evangelienbuch; sie griff danach und dachte sich allerlei Fragen aus, die sie bewegten.

Beim Lesen der vermeintlichen Antworten ließ sie sich fesseln von dem heiligen Buch, das über die schwersten Zweifel im Leben hinweghilft.

Plötzlich verlangte es sie zu erfahren, auf welcher Stufe der geistigen Entwicklung diese Mädchen standen. Ihr fiel auch ein, wie ihr der Fürst erzählte hatte, was für Antworten die Bauern auf die Frage nach der Heiligen Dreifaltigkeit gaben, und daher wollte sie wissen: «Mädchen, wer gehört zur Heiligen Dreifaltigkeit?»

«Der Herrgott, die Gottesmutter und Nikolaus der Wundertäter», beeilte sich Ljubascha zu antworten.

«Was die so erzählt», unterbrach sie die stille, ernsthafte Marfa. «Die Heilige Dreifaltigkeit, das sind Gott Vater, Gott Sohn und die Muttergottes.»

«Und der Heilige Geist», korrigierte Natascha streng.

«Habt ihr das Evangelienbuch gelesen?» fragte Anna.

«In der Kirche haben wir daraus gehört. Und Natalja Alexandrowna hat uns in der Karwoche die Leidensgeschichte von Christus vorgelesen.»

«Ich werde euch jetzt etwas über Christi Lehre vorlesen.»

Anna suchte ihre Lieblingsstellen heraus und begann die Seligpreisungen und die Bergpredigt vorzulesen. Dank der ihr angeborenen Feinfühligkeit verlieh sie mit ihrer klangvollen, klaren Stimme dem besonderen Ausdruck, was die Herzen der Menschen am meisten anrührt. Wenn sie mit einem Kapitel fertig war, gab sie dazu Erklärungen. Alle Mädchen umringten sie, einige hatten Mühe, sie zu verstehen, Annas religiöse Beseligung jedoch hatte sich ihren naiven Zuhörerinnen mitgeteilt.

«Noch mehr, noch mehr», baten sie.

Da las Anna ihnen die Stellen mit der Verleugnung des Petrus, dem Gebet im Garten Gethsemane und dem Verrat des Judas vor. Sie hatte Bilder mitgebracht, die sie ihnen, selbst ganz aufgeregt, erläuterte. Mehrere der Mädchen weinten. Die nachdenkliche Marfa griff sachte nach Annas Hand und hielt sie in der ihrigen; die temperamentvolle, leidenschaftliche Ljubascha umschlang mit ihrem Arm Annas schlanken Hals und küßte sie laut auf die Lippen.

In dem Moment wurde von der Vortreppe des großen Hauses her das Heranrollen einer Kutsche hörbar. Anna sprang auf, und Freude leuchtete in ihrem Gesicht.

«Das ist der Fürst», sagte Natascha. «Nun geh schon, du hast uns nur gestört. Ich dachte, er kommt nicht mehr. Was ist denn mit dir?» fragte sie, als sie die Erregung ihrer Schwester bemerkte.

«*Je crains d'aimer le prince*»,[4] sagte Anna rasch, faßte sich an die Brust, als wolle sie dem Pochen ihres Herzens Einhalt gebieten, und rannte aus dem Zimmer.

Erhitzt und leichtfüßig eilte sie in den geräumigen Vorraum, wo der Fürst gerade seinen Mantel ablegte; als er sie anblickte, war er frappiert von der Schönheit dieses entflammten Mädchens, dem die eben durchlebte seelische Bewegung noch ins Gesicht geschrieben stand, von den glühenden schwarzen Augen, die ihn fröhlich und zärtlich ansahen, und zum erstenmal fühlte er, daß sie sich freute, ihn hier zu sehen, daß Liebe auch von ihrer Seite möglich war. Doch zugleich fühlte er unwillkürlich, daß dieses wunderschöne Wesen, das er in letzter Zeit so gut und allseitig kennengelernt hatte, mit solchen poetischen, reinen Ansprüchen an das Leben, mit so ausgeprägter Religiosität und solch hehren Idealen an seiner egoistischen, fleischlichen Liebe, an seiner morbiden Existenz zerbrechen würde.

«Egal, anders geht es nicht, mag es denn so sein», flüsterte ihm jene Stimme ein, die in den Menschen sich zu melden stets bereit ist, die ausschließlich an sich selbst denken und denen allein ihr Glück und ihre Lust etwas gelten. «Mein ist sie, mein...», frohlockte der Fürst innerlich, als er Annas Hand küßte.

An diesem Abend mußte geschehen, was er sich so sehr wünschte. Das spürte nicht nur er selbst, dieses Gefühl erwachte auch in Anna. Es herrschte eine beklemmende Spannung; das, was in letzter Zeit alle belastet hatte, harrte der Lösung.

Nachdem man im Speisezimmer Tee getrunken hatte, gingen alle auseinander. Mischa legte sich zeitig schlafen, Natascha machte sich ans Korrigieren der Hefte ihrer Schülerinnen, Olga Pawlowna saß am gewohnten Platz auf dem Diwan in der Wohnzimmerecke, legte eine Patience und strickte an einer der zahllosen Dekken, die für diverse Verwandte und Freunde bestimmt waren.

Der Fürst bat Anna, etwas zu spielen, und folgte ihr in den Salon.

«Ich mag nicht spielen», sagte sie, «ich bin heute sehr müde.»

«Trotzdem, irgend etwas, bitte.» Er war heftig erregt und wollte Zeit gewinnen. «Die ‹*Préludes*› von Chopin vielleicht, die spielen Sie so gut. Besser als Chopin hat es niemand vermocht, die subtilsten menschlichen Empfindungen in der Musik zum Klingen zu bringen.»

Anna begann fast mechanisch zu spielen. Die Erregung des Fürsten übertrug sich auf sie. Er lehnte an der Wand und warf seinen schönen Kopf zurück. In ihm tobte offenbar ein schrecklicher Kampf, doch endlich entschloß er sich und hob leise, immer wieder stockend an zu sprechen: «Anna, ich muß mit Ihnen reden. Ich hatte es schon lange vor, aber es ist so schwer!» Er machte eine Pause. «Ist Ihnen irgendwann in den Sinn gekommen, daß der alte Freund Ihrer Familie in Ihnen etwas anderes sehen könnte als ein nettes, liebes Mädchen...?» Die Stimme versagte ihm.

Anna zuckte zusammen.

«Und fühlen», fuhr er fort, «daß es ohne dieses Mädchen für ihn weder ein Leben noch das Glück geben kann – gar nichts.»

Anna zitterte, ihre dünnen, eisig gewordenen Finger wollten ihr nicht mehr gehorchen, und Chopins «*Prélude*» brach ab.

«Spielen Sie, spielen Sie», beschwor sie der Fürst.

Anna schlug leise und nervös die Tasten an, und unter ihren Fingern klang erneut Chopins wehmütige Melodie auf.

«Also, Anna, ich verlange einstweilen nichts von Ihnen, nur liebe ich Sie so, wie noch niemand auf der Welt geliebt hat. Es mag Ihnen lächerlich erscheinen, Ihren alten Freund zu Ihren

Kinderfüßen liegen zu sehen. Doch für mich ist das überhaupt nicht lächerlich! Ich habe mich die ganze Zeit zermartert, gleichwohl bitte ich Sie um eines: Sollten Sie mich nicht lieben können, wenn Sie meine Frau werden, dann sagen Sie mir nichts, weisen Sie mich ab. Besser, diese Pein jetzt durchzumachen als dann, wenn Sie erst meine Frau sind.» Der Fürst verstummte. Er war bleich, und seine Lippen bebten leicht. Ja, das war Liebe, eine Liebe, die so gar nicht jenen ihm zur Gewohnheit gewordenen zufälligen Liebesabenteuern glich. In dieser Liebe wähnte er das Fegefeuer, das ihn den Unflat seiner Verfehlungen aus der Vergangenheit vergessen lassen würde. Er freute und entsetzte sich zugleich darüber.

Anna hörte auf zu spielen, sah den Fürsten an, überlegte einen Moment, doch plötzlich erhob sie sich entschlossen, straffte sich und trat dicht an ihn heran. «Ja, ich werde Sie lieben, wenn ich Ihre Frau bin», antwortete sie schlicht und rasch, wobei sie dem Fürsten die Hand reichte und ihm naiv und zärtlich in die Augen sah, und er erkannte, daß sie nicht lügen konnte, daß sie dazu gar nicht imstande war. Dieses aufrichtige Mädchen würde sein Wort mit derselben Festigkeit und Einfachheit halten, mit der es sich soeben erklärt hatte.

Der Fürst ergriff Annas Hände und begann sie zu küssen. «Ist das wahr? Ist das wahr?» wiederholte er ein paarmal.

Sie entzog ihm ihre Hände nicht und betrachtete ruhig und freudig, wie leidenschaftlich er sie küßte, doch ihr Gesicht drückte nicht die Spur einer Erregung aus, die seine unbezähmbare Leidenschaft erwidert hätte.

Als sie sich nach diesem wichtigen Ereignis in ihr Mädchenbett legte, trat ihr das ganze künftige Leben vor Augen. In ihr waren weder Furcht noch Bedenken, daß sie aus irgendeinem Grund unglücklich sein könnte mit diesem ihr vertrauten, guten, teilnahmsvollen Freund, der sie so liebte, der so klug, gebildet, schön und von gepflegtem Äußerem war. Sie freute sich, in sein Leben zu treten, und stellte sich mit so heißem Verlangen darauf ein, sich voll und ganz all seinem Tun hinzugeben, das sicherlich edel, nützlich und in jeder Hinsicht großartig war, daß sie mit einem ruhigen Lächeln des Glücks einschlief.

V

Am nächsten Morgen setzte Anna ihre Mutter und die Schwester über den Heiratsantrag des Fürsten in Kenntnis. Alle hatten ihn erwartet und nahmen ihn als gegeben hin. Olga Pawlowna geriet in Aufregung wegen der Mitgift und entschloß sich unverzüglich zu einer Fahrt nach Moskau, die sie in etwa fünf Tagen unternehmen wollte, damit für alles, was zu nähen war, Maß genommen würde. Anna sträubte sich zunächst dagegen und bat, sie von dieser Qual zu befreien. Doch Olga Pawlowna reagierte so heftig besorgt, daß sie nachgeben und versprechen mußte, sich zu fügen.

Der Fürst wich tagelang nicht von Annas Seite. Er war die ganze Zeit schrecklich aufgeregt und drängte zur Eile mit der Hochzeit; eine Mitgift sei völlig unnötig, erklärte er immer wieder. Wenn er mit Anna allein blieb, wuchs seine Erregung in einem Maße, daß er kein Wort mehr herausbekam, ihr die Hände küßte und oft nicht einmal auf das hörte, was sie sagte. Anna versuchte ihm ein paarmal wie früher von ihren persönlichen Interessen zu erzählen, davon, wie schwer sie es bei Mischa mit dem Musikunterricht habe, da ihm das Gehör fehle, wie es ihr gelungen sei, ein ertaubtes kleines Mädchen zu heilen, oder wie sie plötzlich Shakespeare verstehen gelernt und Gefallen an ihm gefunden habe – ihn ließ das alles kalt, nur eines beschäftigte ihn: ob sie ihn liebe und ob die Hochzeit bald stattfinden könne.

Freunde, Verwandte und Nachbarn kamen, um Anna zu gratulieren, und sie nahm die Gratulationen stolz und wohlgemut entgegen, ohne einen Moment daran zu zweifeln, daß ihr Glück grenzenlos sein werde.

Nur einmal wurde ihr ein zufälliger, aber nicht wiedergutzumachender Schlag versetzt, der ihre glückliche Verfassung zunichte machte.

Auch eine alte Gutsbesitzerin aus der Nachbarschaft war gekommen, die aus irgendeinem Grund den Fürsten nicht mochte. Im Gespräch mit Olga Pawlowna gab sie hinter vorgehaltener Hand in vulgären Ausdrücken zu verstehen, daß der Fürst ein Schürzenjäger sei, und flüsterte ihr etwas ins Ohr. Olga Pawlowna wurde verlegen, machte dann jedoch eine wegwerfende Handbewegung und sagte: «Ach, vor der Heirat sind sie alle so.»

Anna, die nie einen Gedanken darauf verwendet hatte, daß der Fürst mit seinen fünfunddreißig Jahren schon jemanden geliebt haben konnte, geriet in schreckliche Verwirrung; die Tränen stiegen ihr in die Augen. Sie ging in ihr Zimmer und blieb lange schweigend am Fenster sitzen, um sich zu beruhigen.

Der Fürst trat ein und beugte sich leise über sie. Sie wandte sich um, griff nach seinem Ärmel und zog ihn neben sich.

«Was sind Sie heute so ernst, Anna, was ist mit Ihnen?» fragte er.

«Ich muß unbedingt mit Ihnen reden. Sagen Sie mir die Wahrheit, Fürst, aber die reine Wahrheit. Haben Sie vor mir viele geliebt? Wie viele?»

Aus ihren Worten klangen Tränen heraus.

«Wozu fragen Sie danach, Anna, und quälen damit sich und mich. Natürlich kann ich in meine Ehe nicht solche Reinheit einbringen, wie ich es gern wollte. Ich bin ja schon so alt, Anna, und das Vergangene ungeschehen zu machen, vermag ich nicht», fügte er wie bedauernd hinzu, «ich kann mich nur für die Zukunft verbürgen. Aber jenes, das Gewesene, war keine Liebe, das versichere ich Ihnen, *so* habe ich nie geliebt. Das ist etwas Neues, Unverhofftes, Wunderschönes. Davon hatte ich keine Ahnung, und davon habe ich nicht zu träumen gewagt.»

Sie sah ihn fest an, als frage sie, ob das wahr sei, und fuhr zusammen.

Der Fürst nahm dieses Zusammenfahren wahr, begriff es und rückte dichter heran. Sie wich etwas zurück, doch er faßte ihre Hände, um sie leidenschaftlich zu küssen. «Sie lieben mich, Anna, ja?»

«Ja, ja», erwiderte sie leise.

Er beugte sich vorsichtig noch näher über ihr Gesicht und küßte sie zum erstenmal auf die Lippen.

Anna rührte sich nicht, sie saß wie erstarrt. Eine ihr bislang unbekannte leidenschaftliche Erregung durchfuhr sie, und es überkam sie heiß. Vor ihrer gequälten Phantasie zog eine ganze Kette von Frauen vorbei, die er geliebt hatte. Sie war plötzlich versucht, ihn fest zu umarmen und zu schreien: «Untersteh dich, eine außer mir zu lieben!» Der Kopf drehte sich ihr, sie zitterte wie im Fieber und konnte nicht verstehen, was in ihr vorging.

Der Fürst indessen erkannte, was passiert war, gab ihre schmalen zitternden Hände frei und trat zur Seite.

Anna blieb ein paar Sekunden mit gesenktem Kopf sitzen, dann sagte sie streng und ruhig: «Gehen Sie jetzt, ich komme bald.»

Als sie zum Mittagessen im Speisezimmer erschien, nahm sie matt und in sich gekehrt am

Tisch Platz, ohne etwas anzurühren. Nach dem Essen machten alle eine Ausfahrt zum Nachbarweiler. Anna mied den ganzen Abend das Gespräch mit dem Fürsten. Sie lief in den Wald, sammelte neu erblühte späte Blumen, atmete die frische Luft. «Wie leicht und schön ist hier alles!» dachte sie unwillkürlich. «Das Herz aber ist so schwer! Vergessen, nur schnell vergessen!»

Zwei Tage später fuhr die Mutter mit Anna nach Moskau zum Maßnehmen für die Mitgift. Teilnahmslos ließ sie alles mit sich geschehen. Weder die Kleider noch die schönen Sachen, noch die Geschenke des Bräutigams interessierten sie. Ihre Mutter machte sich große Sorgen, weil ihre Tochter so ernst und blaß war und nichts aß. Anna zeigte sich in Moskau sehr ungeduldig und hatte es eilig mit der Heimkehr. Die Gegenwart des Fürsten war für sie zur Notwendigkeit geworden, nur wenn sie mit ihm zusammen war, wurde sie ein wenig lebhafter. Doch hatten sie die Rollen getauscht. Jetzt war er gesprächig und behandelte sie liebevoll und sanft, als gelte es, sie zu beschützen und ihre Nerven zu beruhigen. Sie saß schweigend neben ihm, hörte sich an, was er ihr von seinen Reisen erzählte, vom Leben in den verschiedenen Ländern, die er besucht und in denen er sich dienstlich aufgehalten oder zu seinem Vergnügen gelebt hatte, und seine Stimme wirkte besänftigend auf sie, brachte sie dazu, sich gänzlich dem geliebten Mann zu fügen. Rot vor Erregung, forderte sie ihn manchmal auf, ihr von seinen früheren Leidenschaften zu erzählen. Er vermied es, darauf einzugehen, da er sah, wie sehr sie diese Fragen aufwühlten, und beschwichtigte sie mit liebevollen Worten und Gemeinplätzen. Doch sie kam immer wieder darauf zurück. Diese Gespräche riefen in ihr das Gefühl wach, das man hat, wenn man bei einsetzendem Kopf- oder Zahnweh fest auf die schmerzhafte Stelle drückt und dieser neue Schmerz den alten zu beheben scheint und ihn für kurze Zeit vergessen macht.

So stand es um Anna, und diesen Schmerz konnte sie während ihrer ganzen Brautzeit nicht loswerden.

VI

Endlich wurde der Hochzeitstermin festgesetzt. Wie ein Traum blieb dieser ganze Tag Anna in Erinnerung. Die Verwandten des Fürsten fanden sich ein und ihre eigenen, angekleidet wurde sie von verschiedenen Freundinnen, Natascha und Olga Pawlowna weinten, als sie ihr die Blumen und den Schleier ansteckten. Schemenhaft nahm sie die Brautführer mit den weißen Blumen im Knopfloch wahr. Dann fuhren viele, sehr viele Drei- und Viergespanne vor, die Pferde mit bunten Bändern geschmückt, die Kutscher in festlicher Kleidung. Auch ihre Kutsche fuhr vor, in die Mischa, in einer weißen Matrosenbluse und mit einer Ikone in den Händen, hineingeschoben wurde und in der sie mit ihrer Patin Platz nahm, Olga Pawlownas Tante, einem alten Hoffräulein, das aus Petersburg angereist war.

In der Kirche waren viele Leute; Ljubascha bemerkte sie und Marfa und all die bekannten Gesichter aus dem Dorf. Die Trauungszeremonie berührte sie kaum noch, zu sehr war sie erstarrt, geradezu versteinert.

Zu Hause hatte man im großen Salon die Tische gedeckt und mit Blumen und Früchten geschmückt; daneben standen irgendwelche unbekannte Lakaien.

Als die Mutter Anna vor der Trauung segnete, war diese plötzlich kurz aufgewacht, um zu begreifen, daß etwas in ihrem Leben abriß: Etwas, was vom Tage der Geburt an ihr Leben ausgemacht hatte, endete mit dem heutigen Tag, jetzt, in dieser Stunde, und plötzlich stieg ihr heftiges Weinen in die Kehle, sie warf sich der Mutter an den Hals und brachte schluchzend hervor: «Leb wohl, Mama, leb wohl. Ich hatte es zu Hause so gut! Mama, hab Dank für alles! Weine nicht, o Gott, weine bitte nicht! Du bist doch froh?... Ja?...»

Endlich war alles vorüber. Eine große neue Dormeuse[5] fuhr vor, an der man die Truhen befestigte, ein Lakai des Fürsten schwang sich auf den Bock, und dann war es an Anna, die inzwischen ein Reisekleid angezogen hatte, mit ihrem Mann Platz zu nehmen. Noch einmal hörte sie den Klageschrei ihrer Mutter, hörte, wie der laut weinende Mischa weggebracht wurde, die Tür klappte zu, und die Kutsche setzte sich in Bewegung.

Es war September. Nieselregen fiel; die sechs wunderschönen Pferde, die der Fürst von seinem Gut hatte kommen lassen, platschten laut durch die Pfützen des breiten Feldweges; die angezündeten Laternen spiegelten sich in dem schmutzigen Wasser, es war feucht und dunkel. Nach dem hellerleuchteten Haus voller Gäste und vertrauter, lieber Gesichter war es ein allzu jäher Übergang zur Finsternis der Nacht und zur Stille der trostlosen ländlichen Natur. Anna saß in der Kutschenecke und weinte leise.

«Mich stimmt es traurig, meine Freundin, daß

unsere Eheschließung dir so viel Kummer bereitet hat», sagte der Fürst, indem er Annas Hand ergriff und küßte.

«Sie konnten doch nicht annehmen, daß es mir nicht leid tun würde, sie alle zu verlassen?»

«Warum ‹Sie›? Du liebst mich nicht, ich bin dir immer noch fremd, meine Freundin.»

«Ich werde mich daran gewöhnen, *du* zu Ihnen zu sagen, einstweilen ist das noch so unnatürlich!»

«Aber du liebst mich, sag es mir...» Der Fürst neigte sich in der Dunkelheit der Kutsche zu Anna hinüber und küßte leidenschaftlich ihre erkalteten zarten Wangen.

«Ich glaube, ich liebe Sie», erwiderte Anna fügsam und mußte wieder an ihre Mutter denken, an Mischas Tränen, an ihr Zimmer, das sie mit Natascha geteilt und in dem sie ein Mädchenleben voll Poesie verbracht hatte, sie mußte auch daran denken, daß sie in wenigen Stunden schon anderswo zu Hause sein würde, und das für immer.

Plötzlich fühlte sie, daß der Fürst sie behutsam umarmte und an sich zog, so daß sie sein unangenehm erregtes Gesicht aus nächster Nähe sah und seinen stoßweise gehenden warmen Atem hörte, der nach Tabak und Parfum roch. Erschrocken und ergeben warf sie den Kopf zurück, schloß die Augen und drückte sich in die äußerste Ecke der Kutsche. Der Fürst hielt sie umfangen und küßte sie leidenschaftlich.

«Ja, das muß wohl alles so sein», dachte sie, «Mama hat mir gesagt, daß man fügsam zu sein hat und sich über nichts wundern darf... Mag es geschehen... Aber... Mein Gott, wie schrecklich und... wie beschämend, wie beschämend...»

Die Kutsche fuhr dahin. Bis zum Gut waren es sechzig Werst[6]. Auf halbem Wege standen Pferde zum Wechseln bereit, und sie mußten Aufenthalt nehmen in einem dazu vorbereiteten, sonst leerstehenden Nebengebäude eines unbewohnten Anwesens. Als die Kutschentür geöffnet wurde, sprang Anna rasch heraus und lief durch Pfützen zur Vortreppe und durch die geöffnete Tür in ein geräumiges lichterfülltes Zimmer. Sie warf den Regenmantel ab, setzte sich mit untergeschlagenen Beinen auf das Sofa und betrachtete, am ganzen Körper zitternd, den gedeckten Tisch mit dem Samowar, den angeheizten Kamin und die gesamte fremdartige Einrichtung.

«Warum bist du so erschrocken? Koch doch Tee, mein Herz», sagte der Fürst und gab ihr einen Kuß.

«Ja, gleich», antwortete Anna, wie aus einer

Starre erwachend, und hob ihren schamhaft gesenkten Kopf. «Woher auf einmal dieses Gefühl der Fremdheit und Peinlichkeit ihm gegenüber?» dachte sie.

«Wie verdrießlich und belastend ist es doch, daß sie vor allem solche Angst hat», dachte der Fürst. «Was soll denn werden? Schließlich ist es der Beginn dieser gepriesenen, gerühmten Flitterwochen! Sollte Ängstlichkeit und wehmütige Fügsamkeit alles sein, was ich bei ihr auslöse?»

Es sollte alles sein. Dem Kind wurde Gewalt angetan; dieses Mädchen war nicht auf die Ehe eingestellt; die aus Eifersucht kurz erwachte weibliche Leidenschaft schlief wieder ein, niedergedrückt von Scham und Abscheu vor den fleischlichen Gelüsten des Fürsten. Was blieb, waren Erschöpfung, Niedergeschlagenheit und Furcht. Anna sah die Unzufriedenheit ihres Mannes, wußte nicht, wie sie dem abhelfen sollte, verhielt sich fügsam – doch das war schon alles.

Weiterzufahren erschien unmöglich, der Fürst konnte sich dazu auch nicht entschließen. Strömender Regen, Dunkelheit, schlechte Wegverhältnisse – all das hielt das junge Paar fest, es blieb ihnen nichts übrig, als in dem fremden Haus zu übernachten.

VII

Am nächsten Morgen trafen die Jungvermählten auf dem luxuriösen Gut des Fürsten ein. Seine alte Mutter begrüßte sie mit einer Ikone und mit Brot und Salz. Anna gewann die sanfte, sittsame alte Fürstin sofort lieb. Sie spürte in ihr eine freundliche weibliche Stütze ihres künftigen Lebens in diesem Haus, und ihr wurde leicht ums Herz.

Anna unternahm einen Rundgang durch das ganze prachtvolle, vortrefflich gebaute und schön möblierte alte Haus, machte sich mit dem Gesinde bekannt, erkundigte sich, wo ihr Zimmer war, und ging ans Auspacken und Einrichten in ihrem neuen Zuhause. Entsprechend ihrem künstlerischen Geschmack verlieh sie dem Raum dank der mitgebrachten und als Geschenk erhaltenen Gegenstände ein so hübsches und originelles Gepräge, daß der Fürst von seinem Anblick höchst beeindruckt war. Kinderspielzeug war ebenso dabei wie Bücher, Porträts, Studien, ihre Staffelei mit einem angefangenen Gemälde und Vasen mit bunten Herbstblumen und Blättern.

Doch in diesem wunderbar gestalteten Zimmer saß nicht mehr die alte Anna. Sie war außerstande, sich irgend etwas vorzunehmen: Weder ihre Malerei noch die Bücher, ja nicht einmal ein Spaziergang durch die herrlichen Gärten und Wälder ihres neuen Aufenthaltsortes konnten ihr Freude bereiten. Sie fühlte sich zerschlagen, traurig und krank.

«Warum bin ich so antriebslos geworden?» fragte sie sich häufig. «Ich habe mich doch aus Liebe auf diese Ehe eingelassen, wir haben vorher ja so viele und schöne Gespräche geführt, während ich mich jetzt vor ihm fürchte und nicht weiß, worüber ich mich mit ihm unterhalten soll.»

Der Fürst beobachtete Annas Verfassung mit Befremden und einer gewissen Verärgerung und sah, daß aus alldem, was ihm seine verderbte Phantasie gemalt hatte, als er an die Flitterwochen mit einer hübschen Achtzehnjährigen dachte, nichts außer Trübsal geworden war, Trübsal, Enttäuschung und qualvoller Bedrückung einer jungen Ehefrau. Nicht ein einziges Mal hatte er daran gedacht, ihr zunächst jene Seite des Liebeslebens näherzubringen, der er bei den Hunderten von Frauen, mit denen er es bisher zu tun gehabt hatte, auf so vielfältige Weise zu begegnen gewohnt war.

Er begriff nicht, daß das, was ihn jetzt verdroß, Annas Reiz ausmachte und ihn, was ihre künftige Reinheit und Treue betraf, jeglicher Sorge enthob. Er begriff auch nicht, daß die von ihm wenn auch spät geweckte Leidenschaft ihm allein vorbehalten bleiben würde, daß sich ihre Schamhaftigkeit gegenüber ihrem Ehemann zu noch größerer Schamhaftigkeit gegenüber anderen Männern entfalten und ihm für immer seine Ehre und Ruhe gewährleisten würde.

Unterdessen gewöhnte sich Anna nach und nach an ihre Situation und stellte allmählich eine größere Nähe zu ihrem Mann her. Sie war bestrebt, sich auf das Leben und die Interessen des Fürsten einzustellen und ihm zu helfen, so gut sie konnte. Sie ging oder fuhr mit ihm durch das Gut, las seine Aufsätze und schrieb sie ins reine; abends lasen der Fürst oder Anna im Zimmer der alten Fürstin aus neuen Büchern und Zeitschriften vor.

Bisweilen verfiel Anna in kindliche Spiellaune, amüsierte die alte Fürstin, lief und hüpfte umher, konnte jedoch ihr jugendliches Bedürfnis nach Bewegung und Frohsinn in der Eintönigkeit des Gutshofs nicht recht ausleben.

Der Fürst war ein tüchtiger Gutsherr, der sein Metier leidenschaftlich liebte. Die Heirat hatte ihn vorübergehend daran gehindert, den wirtschaftlichen Obliegenheiten nachzukommen, dafür befleißigte er sich jetzt, das Versäumte nachzuholen. Überall wurde eifrig gearbeitet. Im Wald beseitigten Scharen von Bauern vertrocknete Äste; den ganzen Tag waren an allen Ecken und Enden des Waldes Axtschläge und Rufe zu hören. Im Garten nahm man die letzten Pflanzungen vor und räumte die herausgestellten Bäume und Gewächse in die Orangerie. Auf der Tenne war die Dampfdreschmaschine ständig in Betrieb. Der Fürst selbst widmete sich vom frühen Morgen an der Jungwaldanpflanzung, seiner Lieblingsbeschäftigung. Er traf die Anordnungen, maß die Abstände zwischen den Pflanzgruben, trieb die Tagelöhner zur Eile an.

«Paß auf, die Rasenplatte kommt auf den Grund der Grube, so wird das gemacht: herumdrehen und den Erdklumpen zerschlagen», erklärte er einer Frau. «Halt, so nicht, du gräbst die Wurzeln zu tief ein», sagte er zu einer anderen.

Vierzig Tagelöhnerinnen pflanzten reihenweise junge Bäume, der kurze Tag ging bereits zu Ende, und es war Zeit, sie zu entlassen.

Anna, die den Fürsten zum Essen erwartete, hielt es nicht länger aus und ging ihn holen. Er sah ihre schlanke weißgekleidete Gestalt von weitem und lächelte froh. «Kommst du mich holen, Anna? Entschuldige, ich habe es nicht zum

Essen geschafft. Wir sind gleich fertig. Es ist auch Zeit, die Leute zu entlassen.»

«Kann ich nicht helfen?» fragte Anna, indem sie näher trat und zu erraten versuchte, was noch zu tun war.

«Natürlich kannst du. Sorg dafür, daß die auf die Gruben verteilten Bäumchen noch eingepflanzt werden, sonst trocknet der Wind bis morgen das Wurzelwerk aus.»

«Ich werde mitpflanzen.»

Anna zog ihren Sommermantel aus, hängte ihn an ein Bäumchen, schlug sich ihr weißes Wolltuch kreuzweise um die Brust, band es hinten zusammen und machte sich ans Pflanzen der Bäume.

Der Fürst beobachtete ihre geschickten, schönen Bewegungen eine Weile mit Wohlgefallen, atmete glücklich auf und entfernte sich zum anderen Ende des Pflanzgartens.

Anna ging von Grube zu Grube, verrichtete froh ihre Arbeit und unterhielt sich mit den Frauen, die sie noch nicht kannte. Eine von ihnen trat vor sie hin, sah ihr fest in die Augen und sagte mit dreister Kühnheit: «Ja, also, liebe Fürstin, Euer Durchlaucht, im Herrenhaus nimmt man mich nicht mehr als Tagelöhnerin. Gestern hat Awdotja die Fenster geputzt, als ob sie's könnte. Bisher hab' ich das immer gemacht. Zu allem gehört Übung.»

«Da weiß ich nicht Bescheid», erwiderte Anna, «mir ist es egal, das bestimmt die Wirtschafterin, Pelageja Fjodorowna, sag es ihr.»

«Wie jung noch», fuhr Arina fort und musterte Anna mit verschränkten Armen, daß dieser unbehaglich zumute wurde.

«Geh arbeiten, zum Schwatzen ist jetzt keine Zeit», sagte sie kühl.

Die Frau wandte sich wieder ihrer Pflanzarbeit zu.

Eine andere, die neben Anna arbeitete, kroch näher zu ihr heran und flüsterte: «Was für eine Frechheit, die Fürstin zu belästigen. Das war die Mätresse des Fürsten. Jetzt wird sie sich wohl nicht mehr trauen, ihm nachzusteigen, die Spitzbübin.»

Anna wurde es schwarz vor Augen. Ihre Arme sanken schwer herab, ihr Herz hämmerte so sehr, daß sie einen Augenblick glaubte, sterben zu müssen. Ein Krampf schnürte ihr die Kehle zu. «Wie? Das also war eine der Frauen, die er geliebt hat! Und immer, ihr Leben lang wird sie hier leben, in unserer Nähe, wird mir begegnen und mich mit diesem ungenierten Blick ansehen, und alle werden wissen, daß ich, die Frau des

Fürsten, die Nachfolgerin dieser Arischa bin!...
Und wer kann mir garantieren, daß er nicht zu
ihr zurückkehrt?»

All das huschte Anna auf einmal durch den
Sinn. Und auch das Bild der rotbäckigen Arischa
mit ihren schwarzen Schläfenhaaren, die unter
dem roten Kopftuch hervorsahen, den dreisten
braunen Augen und den kleinen perlweißen
Zähnen.

Anna richtete sich leise auf, nahm ihren Sommermantel und ging davon. Sie ging taumelnd,
doch sobald sie um die Ecke des alten Eichenwaldes gebogen war, rannte sie los. Am liebsten wäre
sie weit weggelaufen, damit er, ihr Mann, sie
nicht einholen konnte, damit sie nicht sein Gesicht sehen, nicht seine Berührung spüren, nicht
die Stimme hören mußte, die in gewissen Momenten dieser Arischa sicherlich dieselben zärtlichen Worte gesagt hatte, die er jetzt ihr sagte.

Ihre Verzweiflung war unüberwindlich, eine
Verzweiflung und ein Entsetzen, die in einer sehr
jungen Seele unausweichlich für immer Spuren hinterlassen, vergleichbar dem Erleben eines
Kindes, das zum erstenmal mit einem verwesten
Leichnam konfrontiert wird.

Gerade erst hatte sich Anna mühsam an ihr
Verhältnis zu ihrem Mann gewöhnt, und plötz-

lich stellte es sich ihr in neuer Ungeheuerlichkeit dar. Einen Augenblick lang dachte sie daran, zu fliehen, auf der Stelle zu fliehen, nach Hause, zur Mutter.

«Ach, aaach!» schluchzte sie, völlig außer Atem vom schnellen Laufen und ihrer wilden Verzweiflung hingegeben.

Sie durchlief den ganzen Wald, zum Teich hinunter, und setzte sich schließlich, entkräftet und immer noch schluchzend, auf eine Bank. Es war schon ganz dunkel geworden. Nachdem sie sich ausgeweint hatte, so daß ihre angespannten Nerven erschlafften, streckte sie sich mit unter den Kopf gelegtem weißem Wolltuch auf der Bank aus, schloß die erhitzten Augen und verharrte still.

Unterdessen hatte der Fürst die Pflanzarbeiten abgeschlossen und ging Anna holen.

«Wo ist die Fürstin?» fragte er die Frauen.

«Sie ist längst weg», bekam er zur Antwort.

«Ist etwas mit ihr geschehen?» wollte er erschrocken wissen.

«Scheint sich müde gearbeitet zu haben.»

Der Fürst machte sich besorgt und eilig auf den Weg nach Hause. Im Vorraum empfing ihn der Buffetier, der seine Herrschaft voller Unruhe zum Essen erwartete.

«Ist die Fürstin da?» erkundigte sich der Fürst, der schon ahnte, daß Anna nicht im Hause war.

«Nein, mitnichten.»

Der Fürst machte schleunigst kehrt und lief, ja rannte fast zum Wald am Pflanzgarten. «Anna, Anna!» rief er.

Keine Antwort. Das Laub der uralten Eichen, das bereits zu vertrocknen begann, rauschte, und der Wind wehte ihm scharf ins Gesicht. Er stürzte weiter zum Garten.

«Anna, wo bist du? Um Himmels willen, antworte!» schrie der Fürst verzweifelt, als er die Allee entlanglief.

Anna vernahm seine Stimme, verhielt sich jedoch still. Es freute sie, daß er nach ihr suchte, daß er gleich bei ihr sein würde, aber Schmerz und Erregung hielten noch an, und etwas Fremdes und Beängstigendes hatte sich in ihrer Phantasie mit dem geliebten schönen Gesicht ihres Mannes verbunden.

Als er endlich ganz dicht herangekommen war und sie plötzlich entdeckte, betrachtete er sie mit verwundertem Blick. «Was ist mit dir? Warum bist du weggegangen?»

Anna schwieg.

«Anna, mein Herz, was hast du?» fragte er entsetzt.

Statt zu antworten, schluchzte sie wieder los. Ihr ganzer magerer Körper bebte, sie stieß ihren Mann mit der Hand weg und konnte lange nicht sprechen. Schließlich sagte sie: «Nichts, es ist nichts, laß mich! Ach, was für eine Pein! Aaach!» schluchzte sie. «Gleich sterbe ich!»

Sie legte sich wieder auf die Bank, mit dem Gesicht nach unten, und das Schluchzen erschütterte ihren fast noch kindlichen Körper.

«Ich ahne den Grund», sagte der Fürst schuldbewußt und traurig. «Beruhige dich, Liebste, ich werde alles tun, um dir deine Sorge zu nehmen. Ich ertrage es nicht, dich leiden zu sehen. Anna, kann denn das sein? Ich liebe dich doch über alles auf der Welt. Armes Mädchen! Sag mir etwas.»

Er richtete seine Frau auf und wollte sie sich auf den Schoß setzen, doch sie riß sich los. «Nein, bitte nicht, ich kann nicht... Geh bitte, geh. Ich komme gleich, wirklich, ich komme», sagte Anna, dabei wollte sie nur eines – daß er sie noch stärker liebe und nicht von ihr weggehe.

Der Fürst erkannte das und besänftigte sie liebkosend mit den zärtlichsten Worten. Sie hörte ihm leise weinend zu und verstummte allmählich. Er faßte sie unter und führte sie, ohne weiter zu fragen, mit langsamen Schritten zum

Haus. Sie ging fügsam den mit dürrem Laub bedeckten Weg entlang, doch ihr ganzes Wesen war völlig erschöpft und ausgelaugt von der neuen leidvollen Erfahrung.

Im Speisezimmer empfing sie die beunruhigte alte Fürstin. Sie wußte nichts, aber als sie Anna vor sich sah, streichelte sie ihr über den Kopf und sagte leise: «*Pauvre petite!*»[7]

VIII

Von diesem Tag an schloß sich Anna im Haus ein, verließ es nicht einmal mehr zu Spaziergängen. Sie brauchte nur einen Bäuerinnenrock von weitem zu sehen, um zusammenzuzucken. Zerstreuung und einen Lebenssinn begann sie in dem engbegrenzten Familienmilieu zu suchen, in das sie das Schicksal verschlagen hatte. Auch wandte sie sich wieder ihrer Lieblingsbeschäftigung zu – dem Malen. Sie holte sich zwei Kinder, die sie, als hübsches Ensemble arrangiert, jeden Morgen malte. Damit sich die beiden beim Modellsitzen nicht langweilten, ließ sie in der Stadt Spielzeug und Süßigkeiten besorgen, erzählte ihnen Märchen und trieb mit ihnen allerlei Kurzweil.

Hin und wieder huschte mit lautlosen Schritten die alte Fürstin herein, trat zu Anna, küßte sie auf die Stirn und riet ihr, einen Spaziergang zu machen. Manchmal setzte sie sich in einen Sessel und betrachtete Annas Arbeit lächelnd mit Wohlgefallen. Ihr Mann hingegen interessierte sich nie für ihr Tun, und das betrübte sie sehr. Selten nur betrat er ihr Zimmer, um ihren Studien mit gekünstelten Redensarten, mit denen man Kinder anzuspornen sucht, geheucheltes Lob zu spenden. Anna sah, daß er höchstens von weitem einen Blick darauf warf, ohne etwas wahrzunehmen.

Seine Rundgänge durch die Gutswirtschaft machte der Fürst jetzt immer allein, und Anna wartete zuweilen besorgt auf seine Rückkunft. Häufig, wenn ihr eifersüchtige Gedanken in den Sinn kamen, wurde ihr Verhältnis zu ihrem Mann ganz und gar unnatürlich.

Eines Abends, als schon die Dunkelheit hereinbrach und der Fürst noch nicht vom Dreschen zurück war, befiel Anna Unruhe, dann begann ihr diese Unruhe eifersüchtige Bilder zu malen, sie mußte an Arischa denken, und unfähig, länger zu warten, sprang sie plötzlich auf, zog sich hastig an und lief auf einem Umweg, um niemandem zu begegnen, zur Tenne. Hier war keiner mehr; Anna stahl sich zwischen den Schobern hindurch, lauschte und spähte. Doch alles war still. Ihr wurde unheimlich zumute, und sie kehrte um, bog um das Haus, stieg zur steinernen Terrasse hinauf und lugte durch die erleuchteten Fenster des Arbeitszimmers, wo sie die schöne Gestalt ihres Mannes entdeckte, der sich, auf einem anderen Weg nach Hause zurückgekehrt, ruhig zum Essen umzog.

«Nein, vorläufig ist er noch mein!» dachte sie voller Leidenschaft. Ihr Herz hämmerte unerträglich; beschämt ob ihres Tuns, ging sie zurück und gelangte unbemerkt durch den Hintereingang zu ihrem Zimmer.

«Lieber Gott! Hätte ich es für möglich gehalten, so zu werden!» überlegte sie. «Mein Traum war es, daß mein Mann und ich – daß wir beide uns in der *ersten* reinen Liebe vereinen würden! Und jetzt! Ich bin völlig vergiftet von dieser schrecklichen Eifersucht, und es gibt keine Rettung für mich!»

Anna beweinte ihre Ideale und konnte sich lange nicht beruhigen. Den ganzen Abend war sie traurig, und als sie dann allein blieb in ihrem Schlafzimmer, wohin sie sich früh zurückgezogen hatte, um zu Bett zu gehen, überkam sie das Verlangen zu beten.

Sie zog ihre Seidenbluse aus und warf sie auf einen Stuhl; bei dem Gedanken, ihr Mann könnte bald hereinkommen, beeilte sie sich niederzuknien. Sie bat Gott um seelische Ruhe und Kraft, um allem Ungemach im Leben zu widerstehen, sie bat um Vergebung ihrer Sünden. Tränen der Rührung und des Selbstmitleids flossen ihr aus den Augen. Ihre nackten Schultern bebten, doch sie bemerkte nichts und hörte nicht einmal, wie der Fürst eintrat. Er begriff nicht gleich, daß sie betete, und drückte seine Lippen leidenschaftlich auf ihre entblößten Schultern.

Anna zuckte zusammen, griff ihren *peignoir*[8] vom Stuhl, zog ihn rasch über und setzte sich aufs Bett. In ihren Augen waren noch Tränen. «Wieder *das*, alles läuft nur auf das eine hinaus», ging es ihr durch den Kopf. Doch gestattete sie sich nicht, an diesem Gedanken festzuhalten, und es fiel ihr auch gleich eine Rechtfertigung ihres Mannes ein. «Er hat nicht gemerkt, daß ich bete, er liebt mich ja so! Und auf diese Weise äußert sich eben seine Liebe.» Und so fort.

Am nächsten Morgen kamen wieder ihre Modelle, die beiden Kinder, doch Anna hatte keine Lust zu malen. Die Sonne schien grell zu den Fenstern herein, erster Schnee war gefallen, und Anna lief mit den Kindern in den Garten, raschelte die Wege entlang durch das mit frostigem Schnee vermischte Laub. Ihr war leicht und froh ums Herz, sie fühlte sich selbst wie ein Kind – sorglos, rein und schön wie die Natur ringsum. Sie wünschte sich, wenigstens für einen kurzen Moment wieder so zu werden wie zuvor: ihre quälende Eifersucht ebenso zu vergessen wie diese letzte Phase der groben leidenschaftlichen Verliebtheit ihres Mannes und die Gleichgültigkeit, mit der er sie anschließend behandelte. Minutenlang wurden ihre Gedanken tatsächlich abgelenkt, obwohl sich im Grunde ihres Herzens die ewige, unlösbare und peinigende Frage weiter regte: «Weshalb ist er heute so zärtlich und sieht nur Gutes in mir, während ich morgen nach seinen stürmischen Liebkosungen plötzlich an allem schuld bin, so daß er mich mürrisch anknurrt und besonders schmerzhaft zu verletzen trachtet? Wie soll ich verstehen, worin meine Schuld besteht? Er ist doch so klug, gütig, gebildet... Und ich? Ach, ich bin so unentwickelt!»

Als Anna sich ausgelaufen hatte und schon im Begriff war, den Heimweg anzutreten, tauchte ihr Mann, fröhlich, frisch und elegant, am Ende der Allee auf. Erfreut eilte sie ihm entgegen. «Wo kommst du her?» wollte sie wissen.

«Beim Nachbarn war ich, wir haben über die Fabrik gesprochen, die wir zusammen bauen wollen.»

«Über die Fabrik? Was für eine?»

«Eine Branntweinbrennerei. Das ist sehr einträglich.»

«Wie? Ihr wollt Wodka brennen?»

«Nun ja. Was soll die alberne Verwunderung?» fragte der Fürst mit gewohnt gereizter Stimme, wie er nach der leidenschaftlichen Phase seiner Liebe mit ihr zu sprechen pflegte.

«Nein, das ist keine alberne Verwunderung, ich verstehe einfach nicht, wie man etwas herstellen kann, was das Volk ins Verderben stürzt.»

«Wie oft habe ich dich gebeten, dich nicht in meine geschäftlichen Angelegenheiten einzumischen», sagte der Fürst und legte einen Schritt zu, so daß seine Frau zurückblieb.

«Ach, entschuldige bitte. Renn doch nicht so, laß uns zusammen gehen!» Annas Lippen zitterten, und Tränen traten ihr in die Augen.

Der Fürst sah sich erstaunt um und fand, daß ihre Schönheit in letzter Zeit sehr gelitten habe. «Du bist wohl heute nicht bei Laune?» vermutete er.

«Ich?» sagte Anna verwundert, da ihr einfiel, wie fröhlich sie noch am Morgen gewesen war.

Auch die fügsame Zärtlichkeit ihres Mannes von gestern abend fiel ihr ein, und sie reagierte auf seine Bemerkung mit einem stummen, befremdeten Blick des Vorwurfs. Sie wurde nachdenklich, und es erschien ihr sonderbar, daß dieser Mann, den sie liebte und den sie in allem zu unterstützen und zu bestärken bereit war, Wodka herstellen würde, damit das Volk der Trunksucht verfiel! Sie konnte ihn doch hierin nicht bestärken! «Und weshalb ist er so ärgerlich auf mich? Was habe ich getan?»

Sie redeten nicht mehr miteinander. Eine junge Bäuerin ging mit kraftvollen Schritten an ihnen vorbei, grüßte fröhlich ihre Herrschaft und entschwand ihren Blicken, sich in den Hüften wiegend unter dem weiten Bäuerinnenrock. Anna zuckte zusammen. Der Fürst sah der Bäuerin nach, lächelte leicht, als er den neugierigen und unwilligen Blick seiner Frau bemerkte, und gestand schuldbewußt: «Ich werde meine alte Gewohnheit nicht los, jede junge Frau mit Männeraugen zu betrachten. Nur durch dich werde ich immer besser und besser.»

«Das gibt er auch noch zu!» dachte sie entsetzt und sagte zornrot: «Wie? In diesem Bauernweib kannst du eine Frau sehen? Pfui, als gäbe es keine anderen Interessen auf der Welt.»

«Ich sage dir doch, daß das einmal war, jetzt ist es vorbei.»

«Ich glaube es nicht, ich glaube es nicht!»

«Was ist das bloß, Anna, was hast du für einen üblen Charakter! Das ist ja unerträglich!»

«Mag sein. Aber ich hasse Zynismus und Amoralität, was ich liebe, ist Sauberkeit, während du das Gegenteil liebst.»

«Du hast kein Recht, so zu reden.»

«Doch, das habe ich, ich bin deine Frau.»

«O Gott, wie grauenhaft! Wie grauenhaft!» sagte der Fürst.

«Nicht für dich ist es grauenhaft, sondern für mich...»

Ihr Streit dauerte ziemlich lange, und zum erstenmal war er derart quälend. Den ganzen Abend sahen sich die Ehegatten nicht. Anna legte sich schlafen, der Fürst kam nicht. Diese Art des Umgangs war für Anna schrecklich traurig; außerdem bemächtigte sich ihrer aufs neue rasende Eifersucht angesichts seiner möglichen Untreue. Sie lag mit offenen Augen wach und lauschte, ob ihr Mann nicht endlich käme. Doch er kam nicht. Allmählich legte sich ihre Eifersucht, und sie wünschte sich ein einfaches, harmonisches Verhältnis des Vertrauens, damit ihr Glück nicht mehr diese Schläge hinnehmen mußte, die immer weniger von ihm übrigließen. Sie sprang aus dem Bett, warf ihren Morgenmantel über, schlüpfte in die Hausschuhe und lief zum Arbeitszimmer des Fürsten.

Er saß auf dem Diwan und starrte schweigend und düster vor sich hin. Als die Tür aufging und er Anna sah, nahm sein Gesicht einen zornigen Ausdruck an.

Sie hielt einen Moment unentschieden inne und wollte schon gehen, aber dieses gestörte Verhältnis bekümmerte sie so, daß sie sich zur Aussöhnung entschloß. «Warum kommst du nicht schlafen?» fragte sie.

«Wie soll ich denn schlafen können, mein Herz pocht bis jetzt von diesen Szenen! Du treibst mich noch in den Herzinfarkt...»

Annas Miene verfinsterte sich, doch sie überwand sich. «Es tut mir sehr leid, daß ich dich verstimmt habe. Sei mir bitte nicht böse.»

Sie trat näher und setzte sich zu ihrem Mann. Er sah sie befremdet, aber schon sanfter an. Das stimmte sie froh, sie faßte nach seiner Hand und lächelte. Der Fürst zog sie an sich und gab ihr einen Kuß.

Als Anna erkannte, daß die Versöhnung nicht so geschehen würde, wie sie es sich mit heißem Verlangen wünschte, nicht als seelisch reine, wirkliche Versöhnung, sondern als eine durch Küsse, befiel sie Entsetzen und Verzweiflung. «Ach, mein Freund, küß mich bitte nicht! Dafür bin ich tot, ich kann mich nach seelischem Schmerz nicht *so* aussöhnen. Laß mich bitte und verzeih mir...» Sie riß sich los, sprang auf, öffnete die Tür und lief davon.

Er hörte noch lange die sich entfernenden Schritte ihres raschen und leichten Gangs. «Eine seltsame und unverständliche Frau!» dachte er. «Und wie sich ihre Schönheit verliert, ein Eckzahn wird schon gelb.»

Von Tag zu Tag welkte Anna mehr dahin. Die alte Fürstin sprach davon, daß ihre Augen begonnen hätten, in sich hineinzublicken: «*La pauvre petite est souffrante*»,[9] und tatsächlich machte ihr die erste Schwangerschaft sehr zu schaffen. Die meiste Zeit lag sie unwohl im Zimmer der alten Fürstin und fühlte sich bedrückt, krank und schwach. Selbst der Gedanke an das Kind, das sie haben würde, bereitete ihr kaum Freude, so tief war sie einer Art Apathie des Leidens anheimgefallen.

Der Fürst, der sich anfangs fast immer zu Hause aufgehalten hatte, war zu seiner alten Gewohnheit zurückgekehrt, ständig in die Stadt, zu

Nachbarn oder auf die Jagd zu fahren. Er langweilte sich offensichtlich und ertrug die Verfassung seiner Frau nicht.

So verging Tag für Tag, so verging der Winter und das Frühjahr, und der Sommer brach an. Nie vergaß Anna diesen Abschnitt ihres Lebens. Diese junge, noch unentwickelte Natur fühlte sich alldem nicht gewachsen: Weder physisch noch moralisch war sie vorbereitet auf die schwierige Situation als werdende Mutter, noch dazu in völliger Einsamkeit. Deprimiert von ihrem permanenten Unwohlsein und der Gleichgültigkeit ihres Mannes, wurde sie unduldsam und reizbar. Wenn der Fürst sich verspätete, geriet Anna in Verzweiflung, weinte hysterisch und beklagte sich, gemartert zu werden. Das, worin ihre Kraft lag, ihre Macht über ihren Mann – ihre Schönheit –, war zeitweilig verwelkt, etwas anderes brauchte er anscheinend nicht, und das löste in ihr ohnmächtige Verzweiflung aus. Der Fürst seinerseits litt unter ihrer zermürbenden Unausgeglichenheit; als wohlerzogener und beherrschter Mensch behandelte er seine Frau schonungsvoll, doch in dieser schonungsvollen Behandlung spürte sie Unaufrichtigkeit und Kälte.

Was hätte Anna dafür gegeben, jetzt ihre Mutter und ihre Schwester bei sich zu haben! Doch sie waren für lange Zeit ins Ausland gefahren, nach einer Lungenentzündung Mischas, dem untersagt worden war, den Winter in Rußland zu verbringen.

Es war ein heißer Julitag und die Getreideernte auf den Feldern in vollem Gange. Eine reiche Ernte wurde eingebracht, und wenngleich es den Fürsten zu Hause nicht hielt, vermied er es in letzter Zeit, sich zu weit von seiner Frau zu entfernen, und widmete sich in Erwartung ihrer Niederkunft seinen gutswirtschaftlichen Obliegenheiten.

Nachdem er ganze Tage auf dem Feld oder der Tenne zugebracht hatte, beaufsichtigte er jetzt, da das Getreide eingefahren wurde, das Schobern. Während er auf der Tenne umherging, dachte er an seine Frau – blaß, mager, mit verunstalteter Figur, die großen ernsten schwarzen Augen oft fragend und vorwurfsvoll auf ihn gerichtet – und verglich sie unwillkürlich mit dem jungen, robusten Bauernweib, das soeben rosig und fröhlich auf einem Leiterwagen an ihm vorbeigefahren war. Er wußte, daß sie vor zwei Wochen ein Kind zur Welt gebracht hatte und daß es gestorben war, doch hatte sie dieses Geschehen ohne Tränen und Nervenkrise hingenommen, und jetzt arbeitete sie frohen Mutes und im Einklang mit der Natur an der Seite ihres jungen Mannes.

«Und wir?» dachte der Fürst. Er verzog das Gesicht und zündete sich eine Zigarre an. «Ach ja, ich verbiete, auf der Tenne zu rauchen», fiel ihm ein, und er schlug den Weg zum Wald ein. Hinter ihm wurden eilige Schritte hörbar, die näher kamen. Er wandte sich um.

«Belieben Sie nach Hause zu kommen, die Fürstin sind unwohl», sagte das Dienstmädchen ganz außer Atem und machte schleunigst kehrt. Sie wußte, daß der Fürst begreifen würde, worum es ging. Er bedachte sich eine Minute wie einer, dem eine Operation bevorsteht und der noch überlegt: «Läßt sich das nicht irgendwie vermeiden?» Doch mit dem Gefühl, der Sache nicht entgehen zu können, nahm er sich zusammen und trat rascheren Schritts den Heimweg an.

Zu Hause herrschte bereits emsiges Treiben. Man hatte die Betten umgestellt, einiges hinausgetragen und einen schmucken Stubenwagen mit weißem Musselinvorhang hereingerollt. Die fremde Dame, die dem Fürsten allein durch ihre Anwesenheit in letzter Zeit so sehr auf die Nerven gegangen war, jung und elegant, aber mit aufgekrempelten Ärmeln und einer weißen Schürze, gab Anweisungen. Die Wirtschafterin Pelageja Fjodorowna war am eifrigsten zugange. Die aufgeregte alte Fürstin trat wortlos zu Anna, bekreuzigte sie, küßte sie auf die Stirn. Anna selbst saß teilnahmslos in einem Sessel am Fenster und lauschte in Erwartung ihres Mannes auf das, was in ihr vor sich ging. Der Ausdruck ihres erhitzten Gesichts war feierlich und ernst; das Haar ringelte sich goldig schimmernd auf Stirn und Schläfen, die großen schwarzen Augen blickten, ohne von jemandem Notiz zu nehmen, wißbegierig und furchtsam.

Als der Fürst eintrat, eilte Anna ihm entgegen. «Weißt du, es wird bald sein, heute vielleicht. Wie sonderbar und freudvoll das ist: *mein* Kind! Was für ein Glück! Ich werde alles ertragen, ich fühle mich sehr tapfer…» Mitten in ihrer hastigen Rede stöhnte sie plötzlich auf: «Da, wieder…» Sie preßte die Hand des Fürsten, ihr Gesicht verzerrte sich, sie nahm niemanden mehr wahr, die Qualen wurden immer schlimmer. Wenige Sekunden später gewann ihr Gesicht seinen ruhigen Ausdruck zurück. «Es ist wieder vorbei», sagte sie aufatmend.

«Es wird Zeit, daß Sie sich hinlegen, Fürstin», sagte die Dame mit der Schürze, deren Anwesenheit der Fürst als so störend empfand.

«Du gehst doch nicht weg? Um Gottes willen, Liebster, bleib bei mir», beschwor Anna ihren Mann.

«Natürlich gehe ich nicht weg», sagte der Fürst. «Beruhige dich. Wie erregt du bist, mein Herz», fügte er zärtlich hinzu und strich ihr die angeklebten Haare von den Schläfen.

Anna schmiegte ihre heiße Wange an die Hand ihres Mannes und überlegte froh, daß sich durch das Kind, das sie erwartete, wieder eine größere Nähe zwischen ihnen herstellen und die Entfremdung behoben werden könnte, die sie in letzter Zeit so gequält hatte.

Allmählich verlor sie jegliche Fähigkeit, etwas zu denken oder zu fühlen. Die Tortur war kaum noch auszuhalten. Volle vierundzwanzig Stunden dauerte sie schon, und ein Ende war nicht abzusehen. Längst hatte man aus der Stadt einen Arzt herbeigeholt; alle waren völlig zermartert, die alte Fürstin hatte vor sämtlichen Ikonen Kerzen und Öllämpchen angezündet und betete, Tränen in den Augen, in ihrem Zimmer. Der Fürst lief immer wieder aus dem Schlafzimmer seiner Frau und ließ sich erschöpft auf den Diwan im Wohnzimmer fallen; er fühlte, daß seine Erschöpfung ihre äußerste Grenze erreicht hatte.

Die schrecklichen, wilden Schreie Annas verfolgten ihn überallhin. Sich weit von ihr entfernen konnte er nicht. Anna wollte ihn um keinen Preis fortlassen, doch bei ihr zu bleiben war ihm unerträglich.

Die zweite helle Sommernacht brach an, als sich nach einem qualvollen Geburtsvorgang mit schrecklicher Betriebsamkeit und gemeinsamer letzter Kraftanspannung das vollzog, was alle so ungeduldig erwartet hatten. In Annas Zimmer erscholl zunächst ein unmenschlicher, furchterregender Schrei der Gebärenden, dem gleichsam unverhofft, wie aus einer anderen Welt kommend, die ungewohnte, aber alle froh machende Stimme des Säuglings folgte, dieses geheimnisvollen Wesens aus unbekannten Gefilden.

Der Fürst schluchzte auf und beugte sich über seine Frau.

Die bekreuzigte sich und sagte: «Gepriesen seist du, Herr!» Dann blickte sie ihren Mann an, hielt ihm ihre Stirn hin, die er küßte, und ließ sich völlig entkräftet in die Kissen sinken.

Als man Anna ihren gewaschenen und gewindelten Sohn brachte, betrachtete sie lange das schrumplige rote Gesichtchen, beugte sich vor und gab ihm einen Kuß. Statt der erwarteten Freude empfand sie etwas Bedeutsameres. Dies war das Glück, das Ziel des Lebens, sein Sinn; dies war die Bestätigung ihrer Liebe zu ihrem Mann, dies war ihre künftige Pflicht, und dies bedeutete für sie keine Spielerei, wie sie gemeint hatte, sondern wieder Leiden und Tätigsein.

Das Kind in den Armen, fühlte Anna, daß sie ihre mütterlichen Pflichten mit ebenso unerschütterlicher Treue erfüllen würde wie ihre Pflichten als Ehefrau, wie sie es dem Fürsten bei seinem Heiratsantrag versprochen hatte.

Als der Fürst einen ersten Blick auf seinen Sohn warf, ging es ihm durch und durch. Unangenehm berührt wandte er sich ab und sagte: «Na, das ist nichts für unsereins. Soll er mal groß werden, dann ist es etwas anderes.»

Das zu hören tat Anna weh. Daß der Fürst so seinem ersten Sohn begegnen würde, hatte sie in keiner Weise erwartet. «Sollte es denn möglich sein, daß er ihn nicht lieben wird?» dachte sie entsetzt, und ihr fiel die unlängst gehegte Hoffnung ein, daß das Kind die Entfremdung zwischen ihnen aufheben und sie wieder in Liebe verbinden könnte. Sie seufzte und trocknete sich die Tränen.

ZWEITER TEIL

I

Zehn Jahre waren vergangen. Anna lebte nach wie vor mit ihrer Familie auf dem Lande. Die einzige Veränderung in ihrem Leben war der drei Jahre zurückliegende Tod der alten Fürstin, der sie in Trauer das beste Andenken bewahrte.

Sie selbst hatte sich sehr verändert. Aus dem schmächtigen jungen Mädchen war eine stattliche, energische Frau von berückender Schönheit geworden. Unermüdlich rege und tätig, umringt von vier prächtigen gesunden Kindern, schien sie glücklich und mit ihrem Leben vollauf zufrieden. Der Fürst, leicht ergraut, aber noch genauso elegant, schön und gesittet, hatte dem Anschein nach ein unverändert gutes Verhältnis zu seiner Frau. Doch war im seelischen Leben der Ehegatten kaum mehr etwas Gemeinsames geblieben, und dies hatte Auswirkungen auch auf ihr äußeres Leben. Die Liebe des Fürsten, die ihn bewogen hatte, Anna zu heiraten, hatte nicht lange andauern können. Er war ein Mann des Erfolgs, er brauchte vielfältige Gefühlsregungen, so war er es gewohnt! Ein stilles Familienleben auf dem Lande langweilte ihn, und Anna fühlte, daß er nichts dafür konnte. Seine Langeweile indessen ängstigte sie. Sie liebte ihren Mann, sie war eifersüchtig und befürchtete, auch den Rest an Liebe zu verlieren, den er ihr dank ihrer Schönheit, ihrem Frohsinn und ihrer blühenden Gesundheit noch nicht entzogen hatte. Sie fühlte, daß diese Liebe nicht das war, was sie sich gewünscht hatte; das bereitete ihr oft Kummer, und um diese Leere in ihrem Herzen auszufüllen, widmete sie sich den Kindern mit besonders leidenschaftlicher Fürsorge. Ihr Mann hingegen verhielt sich kühl zu ihnen, und Anna fiel es schwer, sich an seine Gleichgültigkeit gegenüber dem zu gewöhnen, was den Mittelpunkt ihres äußeren und inneren Lebens darstellte. Alles mußte sie allein durchstehen: Krankheiten, Zweifel an den Stärken und Schwächen der Kinder, Entscheidungen in bezug auf ärztliche Behandlung und Erziehung, Kinderfrauen und Gouvernanten. Sie erteilte den Kindern selbst Unterricht, da sie es für notwendig hielt, sich möglichst viel mit ihnen abzugeben, um sie besser zu verstehen. Entweder schwieg der Fürst zu Annas

Reden über die Erfolge, Charaktere und Krankheiten der Kinder, oder er lächelte gezwungen und gab seine gewohnt sanften und höflichen Sätze zur Antwort, zum Beispiel wie froh er sei, daß ihr Sohn so gut lerne, daß der kleine Juscha bedauerlicherweise von Geburt schwächer sei als die anderen oder daß Manja in ihrem neuen Pelzmäntelchen wirklich niedlich aussehe. Diese achtjährige Manja war der Liebling des Fürsten: Sie war sehr hübsch und sprach fließend Französisch mit einer echt Pariser Aussprache, die sie von ihrer Gouvernante übernommen hatte und die ihn amüsierte.

Sein Leben hatte sich in nichts verändert: Er kümmerte sich weiter um die Gutswirtschaft, ging auf die Jagd und schrieb seine Aufsätze. Doch Anna sah, daß er alles lust- und antriebslos tat. Er langweilte sich, langweilte sich unerträglich. Das Familienleben war ihm eine Last. Sosehr sich Anna auch bemühte, Zerstreuungen für ihren Mann zu finden, und darauf achtete, mit ihm zusammen Nachbarn zu besuchen oder in die Stadt, zu Wahlen, zu Semstwo-Versammlungen[10] und dergleichen zu fahren – all das hielt nicht lange vor. Zudem nahmen die Kinder sie stark in Anspruch. Immerzu mit ihnen beschäftigt – bald hieß es das eine füttern, bald das zweite umhertragen, bald dem dritten Unterricht erteilen –, fand Anna zwischen ihren häuslichen Obliegenheiten häufig keine Zeit, einfach einen Spaziergang oder eine Ausfahrt mit ihrem Mann zu machen.

In einer solchen Situation und Gefühlslage pflegt man mit einer notwendig scheinenden Veränderung der Lebensumstände zu reagieren. Der Fürst begann davon zu sprechen, daß er seine über diverse Periodika verstreuten Beiträge gern als Buch herausbringen würde. Für eine Drucklegung sei seine Anwesenheit in der Stadt erforderlich, deshalb schlage er Anna vor, ein paar Monate in Moskau zu verbringen. Sie stimmte sofort zu, sah sie darin doch die einzige Möglichkeit für ihn, Zerstreuung zu finden. In letzter Zeit bemerkte sie, daß er häufig die Gesellschaft junger Frauen suchte, in der er sichtlich auflebte. Er legte neuerdings besondere Sorgfalt auf sein Äußeres und zeigte sich beunruhigt, weil sein ehedem prächtiges Lockenhaar zunehmend ergraute und sich lichtete. Sie bekam Angst, daß in ihrem äußerlich wohlgeordneten Heim etwas durcheinandergeraten könnte, und so beschloß sie, energisch für seine Bewahrung zu kämpfen, damit der familiäre Zusammenhalt, vor allem der Kinder wegen, keinen Schaden nahm.

Die Abfahrt nach Moskau wurde für Ende Oktober angesetzt. Der Fürst sagte, er wolle vorher noch in einem abgelegenen Revier auf die Jagd gehen und sich dann an sein Buch machen.

Am ersten September versammelte sich auf dem Hof des fürstlichen Hauses eine kleine, aber illustre Jagdgesellschaft. Die Kinder erfreuten sich bei der Verabschiedung des Vaters an den Pferden und besonders an den Hunden. Manja suchte Notschka, einer schönen schlanken englischen Windhündin, ein Stück Zucker ins Maul zu stecken. Der scheckige, marmorbraune Drakon riß an der Koppel und winselte vor Ungeduld. Die weiße Milka lief frei herum und wartete auf den Fürsten.

Endlich trat er aus dem Haus, verabschiedete sich von Anna und den Kindern, schwang sich auf seinen Kabardiner[11], sagte, er werde frühestens in drei Tagen zurück sein, und ritt rasch davon.

Es ging über die Felder zu einem entlegenen Gut von Bekannten, und Anna wußte, daß unter den Jägern eine abseits lebende Nachbarin sein würde, eine Dame, die in letzter Zeit mit dem Fürsten heftig kokettierte. Über diese Dame gab es viel Gerede, auch hieß es, er sei vor seiner Heirat in sie verliebt gewesen. Das alles beunruhigte

Anna sehr, sie hätte ihren Mann gern begleitet, stillte aber noch den kleinen Juscha. Das wahre, ernste Leben verlangte sein Recht, und Anna verscheuchte die quälenden Gedanken, um sich wieder auf die von Sorgen, Rastlosigkeit und Liebe erfüllte Kinderwelt zu konzentrieren.

Sobald sie ihren Mann verabschiedet hatte, rief sie die Kinder zum Unterricht. Manja und ihr älterer Bruder, der hübsche Pawlik, waren im Garten. Sie brachten mit Eicheln gefüllte Körbe und berichteten aufgeregt, daß sie in einer Baumhöhle junge Eichhörnchen entdeckt hätten. Doch als sie ihre Mutter ansahen, waren sie betroffen von deren trauriger Miene und legten artig ihre Bücher und Hefte bereit. Der Unterricht dauerte eine Stunde, und noch bevor Anna das Korrigieren der Hefte beendet hatte, kam die Gehilfin der Kinderfrau angelaufen und holte sie zum Stillen des Kleinen ins Kinderzimmer.

Allein geblieben, begannen die Kinder um den Tisch herumzulaufen. Der Weg zum Kinderzimmer führte Anna an dem großen Spiegel im Salon vorbei, und sie warf einen Blick hinein. «O Gott, wie sehe ich aus! Diese weite alte Bluse, das Haar zerzaust! Ich muß an meine Kleidung denken und etwas Schönes aus Moskau bestellen! Gestern hat mein Mann so abfällig davon gesprochen, daß ich mein Äußeres völlig vernachlässige und sehr ‹heruntergekommen› sei. Wozu soll ich mich hier herausputzen? Das ist lästig, und die Zeit habe ich auch nicht dafür. Doch offenbar ist es nötig!» überlegte sie seufzend.

Aus dem Kinderzimmer drang bereits das ungeduldige Geschrei des Säuglings. Anna legte einen Schritt zu und knöpfte noch im Gehen ihre Bluse auf. «Aber, aber, mein Würmchen, wer wird denn so schreien... Ich bin ja schon da», sagte sie, als die Kinderfrau ihr Juschka übergab. Er verstummte, und bald ließen sich ungeduldige Saug- und hastige Schlucklaute vernehmen. Anna ließ ihren matten Blick durch das Kinderzimmer schweifen, diesen vertrauten, ruhigen Zufluchtsort, wo alle ihre Kinder aufgewachsen waren, wo sie so viel Freude und Sorge erlebt hatte, wo sie, das Kind im Arm, nachts gesessen und oft ihre Tränen weggewischt hatte, wenn sie daran dachte, wie unerwartet gleichgültig ihr Mann sich den Kindern gegenüber verhielt.

Sie erinnerte sich auch der Nächte, in denen sie nach stundenlangem Auf-und-ab-Gehen, um das kranke Kind zu beruhigen, zerschlagen ins Schlafzimmer gekommen war, wo ihr Mann sie, ohne ihre Müdigkeit und Kümmernis zu bemerken, in seine Arme geschlossen und leidenschaftlich, ja mit animalischer Begierde die Erwiderung seiner Gefühle verlangt hatte, und wie sie, körperlich und moralisch erschöpft und verletzt durch seine Gleichgültigkeit, sich lautlos weinend seinem Willen unterwarf, aus Furcht, die Liebe des Mannes zu verlieren, dem sie ihr Leben anvertraut hatte.

«Sollte denn nur darin unsere weibliche Berufung bestehen», dachte Anna, «vom körperlichen Dienst für den Säugling zum körperlichen Dienst für den Mann überzugehen? Und das abwechselnd – immerfort! Wo bleibt denn *mein* Leben? Wo bleibe ich? Ich, die einmal nach Höherem gestrebt hat, dem Dienst an Gott und den Idealen? Müde und zerquält, verlösche ich. Ein *eigenes* Leben gibt es für mich nicht, weder ein irdisches noch ein geistiges. Dabei hat mir Gott doch alles gegeben: Gesundheit und Kraft und Fähigkeiten... und sogar Glück. Weshalb nur bin ich so unglücklich?»

Anna hob das zur Faust geballte Händchen des schlafenden Kleinen hoch und küßte es. Aufgeregt begann er wieder mit dem Mündchen nach ihrer Brust zu haschen, doch sie stand auf, wiegte ihn leicht in ihren Armen, legte ihn ins Bettchen und ging zu den älteren Kindern. Beide saßen unter dem Schreibtisch, hatten das Papier aus dem Korb über den ganzen Fußboden verstreut, suchten nach Kuverts und rissen die Briefmarken heraus.

«Ich lege mir eine Sammlung mit lauter ausländischen Marken an», sagte Pawlik.

«Und ich habe eine ägyptische, Papa hat sie mir gegeben.»

«Was soll denn das? So etwas zu veranstalten!» sagte die eintretende Anna. «Habt ihr euch schon angesehen, was ihr geschrieben habt?»

«Nein.»

«Was macht ihr dann hier? Musik haben wir auch noch. Räumt schnell auf.»

Die Kinder beeilten sich, dem nachzukommen. Vom Salon her war ein Knall zu hören, dann schreckliches Kindergeschrei. Anna stürzte hinüber und fand die fünfjährige Anja schreiend in den Armen der Engländerin.

«Wo hat sie sich gestoßen?» wollte sie wissen.

«*It is nothing*», erwiderte die Engländerin.

Anna packte das Mädchen und lief los, um einen kalten Umschlag auf die rasch sich bildende rote Beule auf seiner Stirn zu legen. Als sie in das Zimmer zurückkehrte, hatten die Kinder es bereits verlassen; Manja übte im Eckzimmer eifrig Tonleitern.

«Ach, mit b-Moll klappt es nicht!» rief Anna und korrigierte ihre Fehler.

Dann erschien das Zimmermädchen und erkundigte sich, wie es die Anker an Pawliks Matrosenjacke annähen solle. Anna heftete sorgfältig die Anker an, zeigte ihm, was es falsch gemacht hatte, und setzte sich, nachdem sie das Mädchen weggeschickt hatte, ans Fenster, um ein aus der Bibliothek besorgtes altes Buch zu lesen: «*Méditations*» von Lamartine[12]. Allmählich vergaß sie, was sie vor wenigen Minuten noch beschäftigt hatte, und genoß die feinsinnige Lyrik des eleganten Franzosen. Ihre glückliche Erholung hielt jedoch nicht lange an.

«Die Lehrerin ist da», meldete der Lakai.

«Bitte sie herein», sagte Anna müde.

Die Schullehrerin trat ein, eine stille, sympathische junge Frau mit liebem Kindergesicht.

«Sie kommen sicher wegen der Bücher, Lidia Wassiljewna. Haben Sie die Liste zusammengestellt? Ich danke Ihnen. Ich bestelle sie ganz bestimmt.»

«Das hier betrifft die Lektüre und das die Allgemeinbildung. Ich denke, den wissenschaftlichen Teil werde ich selbst übernehmen, hier muß man beim Vorlesen Erläuterungen geben. Gut, daß Sie einen Globus gekauft haben und

Reliefkarten. Das interessiert sie ungemein, und in Geographie läuft es gut.»

«Das freut mich aber.»

«Wenn Sie wegfahren, Fürstin, wer wird mir dann beistehen?»

Anna lud die Lehrerin zum Essen ein, und um fünf Uhr fanden sich im Speisezimmer nach und nach die Kinder, die Gouvernanten und der Verwalter ein. Anna unterhielt sich freundlich mit allen. Der Verwalter fand es ebenso bedauerlich wie die Lehrerin, daß die ganze Familie in die Stadt fuhr, und berichtete der Fürstin über die Situation der Bauern in diesem Jahr. Angelegenheiten der Gutswirtschaft kümmerten Anna nicht, die allgemeine Entwicklung der wirtschaftlichen Lage der Region und des Volkes indessen verfolgte sie mit Interesse.

Als ihr Arbeitstag zu Ende ging und sie in ihrem Zimmer allein blieb, überkam sie ein wehmütiges Gefühl der Einsamkeit. «Da bin ich nun verheiratet, einen Freund aber habe ich nicht in meinem Mann», dachte sie. «Auch als Liebhaber entzieht er sich mir. Weshalb das! Weshalb nur!»

Anna trat zum Spiegel und zog sich langsam aus. Nachdem sie das Kleid abgelegt und ihre Arme und ihren gleichermaßen wohlgeformten

Hals entblößt hatte, besah sie sich aufmerksam. Dann legte sie die Wange an die Schulter, richtete ihren Blick auf ihre prallen, milchgefüllten, ungewöhnlich schönen Brüste und versank in ernsthaftes Nachdenken. «Ja, *das* ist es, was er braucht...»

Sie erinnerte sich an die leidenschaftlichen Küsse ihres Mannes und entschied mit aufblitzenden Augen: Wenn ihre Macht in ihrer Schönheit lag, dann würde sie sie zu nutzen wissen. Mit dem Entschluß, ihre Ideale der Keuschheit kurzerhand aufzugeben und ihre Vorstellungen von geistiger Kommunikation mit dem geliebten Mann zurückzustellen, stand für sie fest, daß ihr Mann sie nicht nur nicht verlassen, sondern zu ihrem Sklaven werden würde.

Sie löste ihr an den Schläfen und im Nacken sich ringelndes, goldig schimmerndes dunkles Haar, hob es an, drehte den Kopf und betrachtete lange ihr Gesicht. Dann nahm sie ihre federbesetzte Mantille[13] vom Sessel und legte sie an ihren Busen. Der Kontrast zwischen dessen Weiße und den dunklen Federn war frappant.

Anna fiel die Dame ein, die jetzt zusammen mit ihrem Mann auf der Jagd war, und das gewohnte Gefühl der Eifersucht stieg mit unerträglicher Schmerzhaftigkeit in ihr auf.

Aus dem Kinderzimmer war das Geschrei des Kleinen zu hören. Anna ließ die Mantille fallen, steckte ihre Haare hoch, warf sich einen roten persischen Chalat[14] über und lief in das Kinderzimmer.

Sie nahm den Kleinen auf den Arm, schmiegte ihre heißen Lippen an seine kleine Wange und flüsterte leidenschaftlich, ohne sich ihrer Gedanken bewußt zu sein: «Verzeih mir, verzeih, mein Würmchen!»

II

Als Anna zwei Tage nach der Abreise des Fürsten mit den Kindern spazierenging, bemerkte sie auf der in die Stadt führenden Straße eine auf sie zukommende Kutsche.

«Wer mag das wohl sein?» überlegte sie. Beim Herannahen des Gefährts gerieten die Kinder in Aufregung, begannen zu schreien und hatten ihre Freude an dem Schellengeläut.

Anna nahm drinnen das unbekannte Gesicht eines Mannes wahr, der sich bei ihrem Anblick ehrerbietig, aber steif verneigte.

«Ich habe keine Ahnung, wer das sein könnte», sagte sie.

Die Kutsche ließ die Anhöhe hinter sich und fuhr in beschleunigtem Tempo die von alten Birken gesäumte breite Allee hinauf zum Haus.

Der Ankömmling stieg aus und erkundigte sich bei dem auf ihn zutretenden Diener, ob der Fürst zu Hause sei. Irritiert, daß dieser erst morgen zurückerwartet wurde, blieb er nachdenklich im Vorraum stehen. Unterdessen war die ganze fröhliche Familie nach ihrem Spaziergang wieder am Haus angelangt. Anna beeilte sich, als erste hineinzugehen, und fragte den Unbekannten, mit wem sie die Ehre habe.

Der verwirrte Besucher brauchte ein paar Sekunden, bevor er mit einem leichten Akzent sagte: «Es ist mir sehr peinlich, Fürstin, so unerwartet in Ihr Haus eingefallen zu sein, aber ich bin ein alter Freund Ihres Mannes, mein Name ist Dmitri Bechmetew. Zwölf Jahre lang habe ich meinen besten Freund nicht gesehen und bedaure sehr, ihn nicht anzutreffen.»

«Wie, Sie sind Dmitri Alexejewitsch Bechmetew? Ich habe so viel von Ihnen gehört! Es ist, als wären wir seit langem miteinander bekannt. Treten Sie ein, bitte, treten Sie ein. Morgen kommt mein Mann zurück, heute dürfen Sie sich mit uns langweilen.»

«Ich werde mich glücklich preisen, Fürstin,

wenn ich Sie nicht langweile», sagte Bechmetew mit einer unnatürlichen Stimme, die ihr gar nicht gefiel. «Wie er sich spreizt», dachte sie.

Anna zog in ihrem Zimmer ein anderes Kleid an, kämmte sich mit besonderer Sorgfalt und ging ins Wohnzimmer zu dem Besucher, den sie mit ihrer blühenden Schönheit und ihrem unnachahmlich leichten Gang beeindruckte. Ihr leicht zurückgeworfener kleiner Kopf, den eine dunkle Mantille umfaßte, fiel ihm ebenso auf wie die zartrosa Farbe ihres von der Luft erhitzten Gesichts und ihre wundervollen großen schwarzen Augen, die ihn freundlich und aufmerksam ansahen.

«So eine Frau hat also mein Freund», dachte er nicht ohne Neid.

Aus dem, was Bechmetew ihr erzählte, erfuhr Anna, daß er aufgrund seiner schwachen Gesundheit kurz nach der Hochzeit zu einem Auslandsaufenthalt gezwungen gewesen war, in einem wärmeren Klima. Daß er mit seiner Frau in Algier gelebt, diese sich aber dort gelangweilt hatte, weshalb sie nach Paris davongefahren war. Kinder hatten sie keine. Von der Sehnsucht nach Rußland und den Verwandten ergriffen, hatte er beschlossen, für unbestimmte Zeit in die Heimat zurückzukehren. Aus Bechmetews Andeutungen wurde Anna klar, daß er sich mit seiner Frau überworfen hatte, und sie vermied es, ihm Fragen zu stellen.

Bechmetew hatte sich im Dorf einquartiert, bei seiner Schwester Warwara Alexejewna, die er nach über zehn Jahren wiedersah. Das Anwesen seiner Schwester, einer bereits in die Jahre gekommenen Witwe, lag zwölf Werst von dem des Fürsten entfernt, Anna hatte sie ein paarmal besucht. Sie war eine sehr gebildete, feinsinnige Frau, die Mann und Kind in früher Jugend verloren und seitdem ihr Leben dem Wohl der Bauernkinder geweiht hatte. Neben einer Musterschule, in der sie bereits die dritte Generation erzog, hatte sie eine Bibliothek, eine Kinderklinik und ein Armenhaus eingerichtet. Sie konnte den Anblick eines kranken, frierenden oder hungernden Kindes nicht ertragen, doch abgesehen von den Kindern, berührte und interessierte sie nichts auf der Welt. Sie wirkte streng, kühl und ungesellig.

Anna behielt Bechmetew zum Essen da. Allerdings war die Atmosphäre an diesem Tag angespannt. Die Gouvernanten, der Verwalter, die Kinder – alle fühlten sich durch die Gegenwart des Gastes gehemmt. Eine Ausnahme bildeten Manja und Pawlik, die einen unbezähmbaren

Lachanfall bekamen, so daß ihnen sogar mit Entzug des Törtchens gedroht werden mußte.

Nach dem Essen bat Anna Bechmetew ins Wohnzimmer, hielt jedoch an ihrer Gewohnheit fest, die Kinder um sich zu versammeln und sich mit ihnen zu beschäftigen, bis sie schlafen gingen. Verschiedene Alben, Bilderbücher, Spiele und Arbeiten wurden herbeigeholt. Jeder nahm sich das Seine vor. Manja strickte fleißig an einem Schal für den alten Gärtner, ihre kleinere Schwester spielte mit den Würfeln und suchte nach Buchstaben, die sie kannte, Pawlik malte. Anna griff ebenfalls zu ihrem Block, um ein Porträt der dabeisitzenden Engländerin zu skizzieren.

Bechmetew zog Pawlik zu sich herüber, setzte ihn neben sich und begann in seinem Zeichenblock zu malen. Während er ihm von Algerien erzählte, zeichnete er braunhäutige Menschen mit großen Turbanen. Pawlik nahm begeistert seinen Block und zeigte die Bilder Anna.

«Guck mal, Mama, wie Dmitri Alexejewitsch malen kann!»

«Sie sind also Maler?» fragte Anna, die die Handschrift des erfahrenen Meisters erkannte.

«Ja, Fürstin, sofern man einen Menschen so nennen kann, der sein ganzes Leben auf die Malerei verwandt und kein einziges anständiges Bild zustande gebracht hat.»

«Das ist einmal auch mein Traum gewesen – Malerin zu werden; aber Sie sehen ja, worauf ich jetzt meine Zeit und meine Kräfte verwende.» Sie wies auf die um den Tisch sitzenden Kinder.

«Mama kann auch malen», rief Manja und zerrte Dmitri Alexejewitsch am Ärmel, um ihm eine an der Wand hängende Landschaft zu zeigen. Bechmetew lobte das Bild in wohlgesetzten Worten.

«Jetzt spreizt er sich wieder», dachte Anna.

«Woher haben Sie diese Aussprache, ganz und gar wie ein Ausländer?»

«Ich habe meine Kindheit in England verbracht und danach lange im Ausland gelebt. Ist es denn so auffällig?»

«Ich hätte Sie tatsächlich für einen Ausländer gehalten.»

Als die Kinder schon im Bett und alle auseinandergegangen waren, machte Bechmetew Anstalten loszufahren, doch Anna forderte ihn auf, bis zum nächsten Tag zu bleiben, da der Fürst gegen zwölf Uhr zu Hause sein wollte.

Am Morgen verließ Bechmetew lange nicht das Nebengebäude, in dem er übernachtet hatte, und Anna hatte Verständnis für sein Feingefühl.

Der Fürst traf jedoch nicht ein wie versprochen; als die Dämmerung anbrach, begann sie sich große Sorgen zu machen und beschloß, ihm entgegenzureiten. Sie bot Bechmetew an, sie zu begleiten, und ging den Kleinen stillen und sich umziehen.

Trotz ihrer Besorgnis kleidete sie sich besonders sorgfältig an, wußte sie doch, wieviel ihrem Mann ihr Aussehen bedeutete, vor allem wenn Fremde zugegen waren. Außerdem quälte ihre überhitzte Phantasie der Gedanke an die umtriebige Dame, die bei der Jagd mit von der Partie war.

Prächtige englische Pferde wurden vorgeführt. Anna und Bechmetew schwangen sich in den Sattel und ritten schweigend die Allee entlang zum Hauptweg. Das Gespräch, das sie beide zu führen versuchten, wollte gar nicht in Gang kommen. Anna war ihres Mannes wegen zu beunruhigt, was Bechmetew nicht entging.

Es war inzwischen völlig dunkel geworden. Anna war schon drauf und dran umzukehren, da sie befürchtete, der Kleine würde in ihrer Abwesenheit unaufhörlich plärren, als plötzlich das Stampfen zahlreicher Pferde, Stimmen und Lachen vernehmbar wurden.

Anna und Bechmetew hielten sich dicht am

Waldrand, während die große Gesellschaft, an der Spitze der Fürst und die schöne Dame, mitten auf dem Hauptweg dahinritt. Anna konnte deutlich das Lachen der Dame hören und dann die Worte: «*Non, jamais je ne me déciderai d'entrer à cette heure et dans ce costume chez vous.*»

«*Vous voulez mon désespoir!*»

«*Et que penserait votre vertueuse femme?*»[15]

Anna rief den Fürsten laut an. Nie hätte er damit gerechnet, seiner Frau zu begegnen, und Mißmut überkam ihn.

«Ich war so in Sorge um dich, mein Freund, du hattest versprochen, am Vormittag zurück zu sein», sagte Anna.

«Wer ist denn das?» wollte der Fürst wissen, wobei er dem sich ihnen nähernden Begleiter seiner Frau ins Gesicht starrte.

«Das ist dein alter Freund Dmitri Alexejewitsch. Er ist gestern eingetroffen.»

«Dmitri! Wo kommst du her? Das ist ja eine Überraschung!»

«Direkt aus Algerien komme ich. Wie ich mich freue, dich zu sehen! Dazu als Familienvater, glücklich...»

«Wie unverhofft das alles! Moment, ich bin so froh, dich zu sehen, aber ich muß mich bei der Gesellschaft entschuldigen.»

Der Fürst wendete jäh sein Pferd, um zu den Jägern zurückzukehren, sagte allen ein paar freundliche Worte, warf der Dame scherzhaft eine elegante Liebenswürdigkeit zu und preschte, nachdem er sich verabschiedet hatte, seiner Frau und dem Freund hinterher.

Als er seine Frau eingeholt hatte, ritt er mit ihr ein paar Schritte voraus und flüsterte ihr zornig zu: «Ich freue mich sehr, Dmitri zu sehen, aber es ist höchst unschicklich, daß du nachts *en tête à tête*[16] mit einem Mann durch die Gegend reitest, den du zum erstenmal siehst.» Er drehte sich nach Bechmetew um, der sein seitwärts ziehendes Pferd nicht zu bändigen vermochte.

«Ist es vielleicht schicklich, ohne Zustimmung seiner Frau Damen das Übernachten anzubieten, denen man nur den Zutritt zu seinem Haus verwehren kann?» Anna biß sich auf die Lippen und verstummte. Tränen traten ihr in die Augen, sie hatte den ganzen Tag so geduldig auf ihren Mann gewartet, sich solche Sorgen um ihn gemacht, und dann dieses Wiedersehen! Ungeachtet der Finsternis und der feuchten Witterung peitschte sie das Pferd und sprengte ihrem Mann davon.

Der Fürst ritt mit Bechmetew hinterher und versuchte sie mit lauten Rufen zurückzuhalten.

«Anna, langsamer! Das Pferd stürzt noch. So was Verrücktes!» schrie er schließlich verzweifelt.

Doch Anna hörte nichts und niemanden mehr. Zu Hause angekommen, ging sie ins Kinderzimmer und ließ sich den ganzen Abend nicht mehr blicken.

III

Den folgenden Tag verbrachte der Fürst zu Hause mit dem Freund; er zeigte ihm sein Gut und gedachte der alten Zeiten, jener Jahre der Jugend, in denen sie sich angefreundet und ein gemeinsames Leben gelebt hatten. Gegen Abend fuhr Bechmetew ab, und der Fürst verabschiedete sich kühl von seiner Frau, um zu der Jagdgesellschaft zurückzukehren. Man hatte ihn wissen lassen, daß alle, Jäger wie Hunde, bei einem Gutsbesitzer in der Nachbarschaft, einem alten Junggesellen, übernachteten und daß man ihn dort erwartete.

Nach zwei Tagen erschien Bechmetew wieder. Der Fürst war noch nicht von der Jagd zurück und die traurig gestimmte Anna allein zu Hause.

Sie freute sich sehr über den Besuch, errötete

und wunderte sich selbst darüber, daß Bechmetews Anwesenheit ihr so angenehm war.

«Entschuldigen Sie, Fürstin, daß ich beschlossen habe, erneut zu Ihnen zu kommen. In meiner Einsamkeit zieht es mich einfach in Ihren Winkel familiären Frohsinns.»

«Wir freuen uns sehr, Sie bei uns zu sehen, Dmitri Alexejewitsch», sagte Anna, «nur sind wir immer mit für Sie so uninteressanten Dingen beschäftigt.»

«Mit sehr interessanten», schaltete sich Pawlik ein. «Sehen Sie doch, wie schön; Mama, zeig es mal.»

Anna schlug ein Album auf, in das mit größter Sorgfalt getrocknete Blumen eingeklebt waren: ganze Sträuße, Kränze, Figuren in ungewöhnlichen Formen und Blumenkompositionen.

«Wunderbar! Man sieht, daß Sie eine Künstlerin sind, Fürstin. Komm, Pawlik, wir beide machen etwas ganz besonders Feines.»

Alle wandten sich wieder ihrer Beschäftigung zu, und der Abend verging unmerklich und fröhlich.

Als die Kinder im Bett waren, griff Bechmetew nach dem auf dem Tisch liegenden Buch und äußerte seine Verwunderung, daß Anna so etwas Altes las – Lamartine.

«Wie sind Sie darauf verfallen, Fürstin, ausgerechnet Lamartine zu lesen?»

«Zufällig. Ich habe ihn nie zuvor gelesen und jetzt großes Gefallen an dieser Lektüre gefunden. Ihnen bereitet das ja keine Mühe, lesen Sie mir doch etwas vor.»

«Mit Freuden, Fürstin, ich habe ihn völlig vergessen.»

Anna nahm eine Arbeit zur Hand und machte es sich mit einem sonderbaren Gefühl des Glücks und der Ruhe bei der Lampe bequem. Wie widerstrebte ihr die Einsamkeit! Hin und wieder warf sie einen Blick auf das abgehärmte, ernste und zerquälte Gesicht ihres Gastes, auf seine hohe Stirn und die spärlichen schwarzen Haare an seinen Schläfen und dachte: «Nein, er spreizt sich nicht, wie es mir vorkam – er ist unglücklich und sicherlich ein großartiger Mensch.»

Bechmetew las: «‹*La nuit est le livre mystérieux des contemplateurs, des amants et des poètes. Eux seuls savent y lire, eux seuls en ont la clef. Cette clef – c'est l'infini.*›»[17]

«An der Stelle war ich gerade. Das gehört zu den Kommentaren. Ich mag sie sehr.»

«Dieser Zusammenhang zwischen der Nacht und der Unendlichkeit, dem *infini*, ist überaus poetisch. Ja, wenn man nicht an dieses *infini* glaubte, wäre es schrecklich, zu sterben.»

«Weshalb bringen Sie das Gespräch auf den Tod?» wollte Anna wissen und wunderte sich über ihre plötzliche Herzbeklemmung.

«Deshalb, weil er mir schon zwölf Jahre angedroht wird und man mich zwingt, in fremden Ländern zu leben, dort, wo es warm ist; jetzt habe ich beschlossen, nirgendwo mehr hinzufahren und in Rußland zu leben, auf dem Lande.»

«Wir fahren den Winter über nach Moskau. Mein Mann will seine Aufsätze herausbringen.»

«Ich habe davon gehört, Fürstin, und es betrübt mich sehr, daß Sie alle ausgerechnet in dem Winter, den ich in Ihrer Nachbarschaft verbringe, die ganze Zeit in der Stadt sein werden. Immer habe ich mit allem Pech. Bisher haben Sie doch das ganze Jahr hier gelebt?»

«Ja, viele Jahre sogar, und auch jetzt zieht es mich überhaupt nicht nach Moskau. Doch es wird Zeit fürs Abendessen, Sie essen ja zeitig zu Mittag, und ich lasse Sie nicht ohne eine Stärkung weg.» Anna klingelte und ließ das Abendessen anrichten.

Im Speisezimmer war es gemütlich, hell und schön wie im ganzen Haus. Anna setzte sich mit

Bechmetew an ein blumengeschmücktes Tischchen, auf dem die kalte Abendmahlzeit serviert war. Sie unterhielten sich über das soeben Gelesene; am Hauseingang stand Bechmetews Kutsche, Glöckchen klingelten.

Eine zweite Kutsche näherte sich dem Haus, ihr Glöckchenklang mischte sich mit dem anderen, jemand kam herein. Anna und ihr Gesprächspartner überhörten all das und bemerkten auch nicht, wie der Fürst ins Zimmer trat.

Anna sprang erschrocken auf und fragte: «Ist etwas passiert?»

«Nein, nichts, ich hatte bloß keine Lust mehr zum Jagen», sagte der Fürst. «Grüß dich, Dmitri, und adieu. Entschuldige, ich bin sehr müde», fügte er hinzu, wobei er seiner Frau einen zornigen Blick zuwarf und seinem Freund die Fingerspitzen reichte.

«Zu Abend essen willst du nicht?» fragte Anna.

«Nein, ich kann mich kaum noch auf den Beinen halten.»

Der Fürst ging, während Bechmetew sich von Anna verabschiedete und losfuhr.

Anna lief zu ihrem Mann, dessen Unruhe ihr nicht entgangen war. Er saß in seinem Arbeitszimmer auf dem Diwan und rauchte. Da sie den Grund ahnte und seinen eifersüchtigen Charakter kannte, setzte sie sich zu ihm, um ihn mit unnatürlicher Stimme zu befragen, was ihn zur Rückkehr bewogen hatte.

«Was schon – ich habe es doch gewußt, daß du wieder dieses Tête-à-tête arrangieren würdest. Begreifst du denn immer noch nicht, was sich nicht schickt?»

«Ich habe ihn nicht hergeholt, aber ich konnte ihn auch nicht davonjagen.»

«Du mußtest ja nicht mit ihm kokettieren. Meinst du, ich sehe es nicht?»

«Kokettieren? Ich? Nun ist es aber gut, mein Freund. Daß du dich nicht schämst, so zu reden. Wenn du wüßtest, welche Sehnsucht ich habe, wenn du nicht da bist, und wie froh ich bin, daß du zurückgekommen bist. Lassen wir den Streit, bitte!»

«Gewiß hat sie sich schuldig gemacht», dachte der Fürst bei sich. «Warum bist du so erschrokken, als ich eintrat?» wollte er wissen. «Was hat er zu dir gesagt?» Er erboste sich immer mehr.

«Wirklich, ich weiß es nicht mehr», sagte Anna, die der Ton ihres Mannes ängstigte und sein wutverzerrtes Gesicht bereits ärgerlich machte. «Wir haben Lamartine gelesen und über ihn gesprochen...»

«Und euch dabei mit poetischen Gefühlen befaßt...», sagte der Fürst ironisch. «Ich glaube dir kein Wort. Du bist nicht in der Lage, mir zu erzählen, was ihr gemacht und worüber ihr gesprochen habt?» schrie er. Er packte Annas Hand und preßte sie, als plötzlich die Kinderfrau an die Tür klopfte und Anna zu dem Kleinen rief.

Erregt und gekränkt riß sich Anna los und lief in das Kinderzimmer. Der Kleine schrie ungeduldig.

«Diese Egoisten von Männern!» dachte Anna entrüstet. «Ihn plagt die Eifersucht, während ich allein zu Hause sitzen und mich sehnen kann, jetzt wird der Kleine sich noch an meiner erregten Milch satt trinken und die ganze Nacht nicht schlafen! Und ich darf mich quälen!»

Sie konnte sich nicht beruhigen. Ihre Empörung, ihre Verachtung gegen den, den sie so sehr zu lieben versucht hatte und mit dem ihr Leben verbunden war, wollten sich einfach nicht legen. «Nichts und niemanden braucht er: weder die Kinder noch mich. Nichts an unserem Leben interessiert ihn. Mich braucht er nur als Gegenstand. Und daß bloß seine Eigenliebe nicht verletzt wird! Ja, ich bin *seine* Frau! Wage keiner, mit ihr auch nur ein Wort zu wechseln...» Annas Verdruß wuchs immer mehr. «Wenn er aber selbst mit jemandem liebäugelt, dann ist nichts dabei. Mein Gott, mein Gott!» Das Selbstmitleid trieb ihr Tränen in die Augen.

Der Kleine verschluckte sich und fing an zu weinen. Anna erschrak, drehte ihn auf die Seite und flüsterte unter heißen Küssen: «Mein Süßer, mein Süßer, beruhige dich.»

Sie betrachtete aufmerksam das kleine Gesicht ihres schlafenden Söhnchens und sagte in Gedanken zu ihm: «Nicht um deines Vaters willen, der mich gekränkt hat, sondern deinethalben, mein Würmchen, werde ich niemals etwas tun, weswegen du dich deiner Mutter schämen müßtest.»

Nachdem sie den Kleinen gestillt hatte, ging Anna in allen Zimmern die Bettchen ihrer schlafenden Kinder ab. Sie bekreuzigte sie alle der Reihe nach und blieb am letzten stehen, um zu beten. Alles ringsum schlief. Sie stand lange mit gesenktem Kopf bei dem Kind, konzentriert und ernst.

Gäbe es in der Alltäglichkeit unseres Erdendaseins nicht diese Minuten der strengen Einkehr, der unnachsichtigen und konzentrierten Aufmerksamkeit für unser Innenleben, dieser Auge in Auge erfolgenden Prüfung unseres Ichs vor Gott, wie wäre unsere Existenz dann möglich?

Anna bedeuteten diese Minuten viel; beruhigt ging sie in ihr Schlafzimmer.

Als ihr Mann eintrat, schlug er einen versöhnlichen Ton an. Er näherte sich ihr, lächelte und umarmte sie wortlos.

Anna nahm seinen Versöhnungsversuch gelassen und gleichgültig hin; sie fühlte sich in diesem Augenblick geistig so einsam, dem, worum es ihm ging, so fern, daß sie, als er sie in seine Arme schloß, nicht sofort begriff, was er wollte. Erst als sie erkannte, warum er sich so schnell versöhnt hatte, wurde er ihr plötzlich zuwider. Sie löste seine Hände und rief: «Nein, ich kann nicht, um keinen Preis!»

Alles an dem Fürsten erschien ihr jetzt unangenehm: Sein schönes Gesicht kam ihr grob und dumm vor; seine vergilbten Zähne, seine ergrauten Haare, seine leidenschaftlichen Augen – alles stieß sie ab.

Sie legte sich hin, löschte die Kerzen, drehte sich zur Wand und tat, als schliefe sie. Nachdem sie hastig und unkonzentriert für sich das Vaterunser gebetet, nachdem sie es noch einmal und noch einmal wiederholt hatte, um es bewußter zu sprechen, bekreuzigte sie sich und sank, seelisch ermattet, in einen unruhigen Schlaf.

Die aufgeloderte Eifersucht des Fürsten verging bald wieder. Er schrieb selbst einen Brief an seinen Freund, um ihn zum Essen einzuladen, und als Bechmetew seine Besuche bei ihnen wiederaufnahm, hatte sich der Fürst in bezug auf seine Frau völlig beruhigt. Das abgeklärte, hochsinnige Verhalten seines Freundes hätte niemandem Anlaß zu irgendwelchen Verdächtigungen gegeben. Seine ritterliche, lautere Höflichkeit, die Ehrerbietung, mit der er Anna begegnete, waren nicht dazu angetan, bei ihrem Mann üble Eifersucht zu wecken.

Unterdessen fand Bechmetew unmerklich Zugang zu Annas Familien- und Innenleben. Er ging mit ihr und den Kindern spazieren, spielte und beschäftigte sich mit ihnen – bald erzählte er ihnen interessante Geschichten, bald malte er mit ihnen. Manchmal regte er sie zum Singen oder Tanzen an und gewann ihre Sympathie in einem Maße, daß sie Sehnsucht nach ihm hatten, wenn er längere Zeit ausblieb.

Was Anna betraf, so hatte sie sich nie so glücklich gefühlt und ihr Leben als so erfüllt empfunden. Mehr und mehr umgab sie eine Atmosphäre der Liebe. Weder zärtliche Worte noch grobe Liebkosungen gab es, nichts, wovon die Liebe üblicherweise begleitet ist, doch alles ringsum atmete Zärtlichkeit, alles war Zuneigung und

Glück in ihrem Leben. Sie hatte beständig das Gefühl, daß ein teilnahmsvolles Auge ihr ganzes Leben beobachtete, alles guthieß, von allem hoch erfreut war.

Abends, wenn sich alle um den großen runden Tisch versammelten, entwarfen Bechmetew und Anna abwechselnd in ein und demselben Zeichenblock Porträts aller Anwesenden. Auch lasen sie den Kindern abwechselnd Bücher von Jules Verne und anderes vor, wobei sie die Stellen, die für die Kinder unklar und zu schwer waren, abänderten oder erläuterten. Einmal passierte es, daß Anna statt einer illustrierten eine einfache Ausgabe der «Reise um die Welt in 80 Tagen» geschickt bekam. Bechmetew übernahm es, alle wichtigen Episoden selbst zu illustrieren, und das löste solche Begeisterung aus, daß die Kinder es kaum erwarten konnten, bis Dmitri Alexejewitsch wiederkam, um mit dem Vorlesen und Illustrieren des Buchs fortzufahren.

Bechmetews Fürsorge und Anteilnahme an Annas Leben äußerte sich in allem. Sie liebte Blumen – er füllte ihr ganzes Haus mit den schönsten, die es gab. Sie liebte es, vorgelesen zu bekommen – er suchte interessante Aufsätze und Bücher aus und las sie ihr abendelang vor. Anna liebte ihre Schule – er schickte dorthin, wie einer netten, naiven Lehrerin zuliebe, Bücher, Zeichnungen und diverses Unterrichtsmaterial.

Allein ein solches Verhältnis zur Frau, liebevoll und uneigennützig, vermag vollkommenes Glück in ihr Leben zu bringen. Nie wurde Anna sich recht klar darüber, weshalb alles, was bisher schwer gewesen, jetzt leicht geworden war. Weshalb alles, was sie aufgebracht und verstimmt hatte, nun aufhörte, sie aufzubringen. Alle Kleinigkeiten und Mißgeschicke des Alltags wurden belanglos, alle Leute erschienen ihr gut. Was am erstaunlichsten war, aber zweifellos ebenfalls eintrat: Ihr Mann wurde ihr angenehmer. Sie war auch zu ihm sanft und liebevoll, und das befreite ihn gänzlich von seiner Eifersucht.

So verging der Herbst, und als sich Anfang November die ganze Familie reisefertig machte, nahm niemand gern Abschied von diesem glücklichen, stillen Dorfleben.

Allein der Fürst hatte es eilig mit der Abreise nach Moskau. Er langweilte sich offensichtlich zu Hause, suchte nach Vorwänden, in die Stadt und zu den Nachbarn zu fahren, und war überall auf Zerstreuung aus. Anna beunruhigte das sehr. Sie sah, daß er sich mehr und mehr der Familie und ihrem Einfluß entzog und ihr immer weniger Liebe zuteil werden ließ. Sie befürchtete, daß er ganz weggehen und die Familie zerbrechen könnte, die sie in den elf Jahren ihres Ehelebens zu behüten bestrebt gewesen war. Sie beschloß, ihren Mann mit aller Kraft zu halten, nach Wegen und Mitteln zu suchen, ihn wieder an sich und die Familie zu binden. Von diesen Mitteln hatte sie nur eine dunkle Ahnung, sie waren ihr zuwider, doch was bot sich ihr denn Besseres?

«Wenn ich meine frühere Reinheit und meine Mädchenideale schon mehr oder weniger einbüßen mußte, so werde ich zumindest die Reinheit des Familienideals bewahren. Ich darf nicht zulassen, daß mein Mann, der Vater meiner Kinder, die Familie verläßt und anderwärts zweifelhafte Freuden findet.»

Von diesen Gedanken beherrscht, brach Anna mit ihrer Familie nach Moskau auf.

IV

An dem großen, hellerleuchteten vornehmen Haus in einer der saubersten Straßen Moskaus fuhren am Abend des zweiten Dezember zahlreiche Kutschen vor. Das Fürstenpaar gab sonntags abends Gesellschaften, und sein Salon war stets gefüllt mit unterschiedlichsten Besuchern. Nirgends ging es so zwanglos, fröhlich, elegant und interessant zu wie im Hause der Fürstin Prosorskaja. Stets freundlich, heiter und schön, verstand sie es, in ihrem Haus Leute zu versammeln, die sich gern trafen, und sie selbst schuf voller Hingabe eine Atmosphäre, in der sich alle wohl und frohgemut fühlten, so daß sich hier binnen kurzem der angenehmste und größte Besucherkreis herausbildete.

Der Fürst konnte sich nicht genug wundern: Was war nur geschehen mit seiner bisher so menschenscheuen, allen Gesellschaften abgeneigten Frau? Sie wirkte wie ausgewechselt, empfing Gäste und nahm Einladungen an, schmückte sich gern, dachte sich die vielfältigsten Belustigungen und Zerstreuungen aus, in die sie ihren Mann einzubeziehen pflegte. «Allein langweile ich mich oder fühle mich gehemmt», sagte sie, und der Fürst war immer an ihrer Seite. Er hatte ein wachsames Auge auf sie und ihre Verwandlung, die sie anziehend, vielseitig und beliebt machte. Die so unverhofft zutage getretene neue Seite ihres Charakters und ihres reizvollen Wesens beunruhigte ihn.

An diesem Abend sollte bei Anna ein prominenter Schriftsteller seine neue Erzählung vorlesen. Er war aus der Provinz nach Moskau gekommen, um ein Buch herauszubringen. Eine zahlreiche Gesellschaft hatte sich versammelt, und Anna sah sich in ein lebhaftes Gespräch verwickelt, ausgelöst durch den Streit zweier junger Frauen über Kindererziehung. Die eine von ihnen, Gräfin Welskaja, meinte, den Ausschlag bei der Erziehung gebe, daß man persönlichen Einfluß auf die Kinder nehme, es komme vor allem darauf an, mit ihnen zusammenzusein, ihre charakterliche und seelische Entwicklung zu kontrollieren und sie dabei zu unterstützen. Die andere, die fröhliche und leichtsinnige Baronin Insbruk, behauptete, das beste sei, die Kinder sich selbst zu überlassen, alles sei angeboren, mit Erziehung könne man überhaupt nichts erreichen, wozu also sein persönliches Leben beeinträchtigen? Alle ereiferten sich, redeten durcheinander. Ein bejahrter General sagte, zu Anna gewandt: «Kindererziehung sollte man von der Fürstin lernen. Ich habe keine natürlicheren, gesünderen und klügeren Kinder gesehen als die ihren.»

«Ich denke, Kinder kann man nur dann erziehen, wenn man selbst genau weiß, was gut ist und was schlecht. Das Gute muß man fördern und das Schlechte unterdrücken», sagte Anna. «Deshalb kann ich nur Senecas Worte wiederholen: ‹Les facultés les plus fortes de chaque homme sont celles qu'il a exercées.›[18]»

«Woher nimmt sie das bloß!» überlegte der Fürst. «Was für eine gelassene Selbstsicherheit! Und diese Brillanten in ihren Ohren, wie schön sie glänzen, genauso schön wie ihre wundervollen, lebhaften Augen!»

Er mußte daran denken, wie seine Frau abends mit aufgelöstem, goldig schimmerndem dunklem Haar, das ihr auf die entblößten Schultern fiel, vor dem Spiegel stand, wenn sie sich auskleidete, wie sie sich nach ihm umblickte, wenn er ins Schlafzimmer trat, und mit dem Gedanken, daß der Augenblick nahe war, erhob er sich froh, um den soeben eingetroffenen berühmten Schriftsteller in Empfang zu nehmen, der diese Freude auf sich bezog.

Anna erhob sich ebenfalls vom Diwan, um den namhaften Gast zu begrüßen. Die seidengefütterte Schleppe ihres grauen, mit weichem Pelz gleicher Farbe besetzten Tuchkleides rauschte, als sie auf den Gast zutrat und ihn freundlich willkommen hieß. «Ich weiß, es fällt Ihnen schwer, Sie lesen nicht gern in Gesellschaften, und deshalb bin ich Ihnen ganz besonders dankbar», sagte sie und bat ihn, neben ihr Platz zu nehmen.

Bald begann auch die Lesung. Die von der Berühmtheit vorgetragene Erzählung beeindruckte alle sehr; einige lobten sie zaghaft, andere dankten dem Schriftsteller. Doch niemand vermochte seinen Eindruck stärker zu vermitteln als Anna. Während sie ihm eine Hand reichte, wischte sie sich mit der anderen die Augen. Er erkannte, wie tief ihr zu Herzen gegangen war, was er selbst unter Tränen geschrieben hatte, und erwiderte wärmstens ihren Händedruck.

Als die Gäste allmählich auseinandergingen, mit dem Gefühl, im Hause der Fürstin Prosorskaja einen hochinteressanten und anregenden Abend verbracht zu haben, hielt Anna einen sehr jungen Mann mit ausgeprägt armenischem Aussehen zurück und sagte zu ihm: «Sie haben versprochen, mir Modell zu sitzen. Kommen Sie morgen, und danach fahren wir alle mit den Kindern zum Schlittschuhlaufen. Abgemacht?»

«Ich bin sehr glücklich, Fürstin, und werde Ihnen zu Diensten stehen.»

«Keine Sorge, die Sitzungen werden sehr kurz sein, und Sie dürfen dabei reden. Ich brauche Ihren Gesichtstyp für ein Bild, das mir vorschwebt! Also auf Wiedersehen.»

Als Anna mit ihrem Mann allein war, fragte er sie spöttisch: «Was ist denn das für ein Einfall, diesen Grünschnabel zu malen?»

Anna lachte laut auf. «Ein Grünschnabel mit einem sehr charakteristischen Gesicht, wie ich es brauche; ich möchte von ihm unbedingt eine Studie anfertigen.»

«Und weshalb das gemeinsame Schlittschuhlaufen?»

«Deshalb, weil er aus Ergebenheit die Kinder in Sesseln übers Eis fahren wird und ich selbst ungestört laufen kann.»

Was war bloß so Argwohn erweckend, befremdlich und leichtsinnig an Annas fröhlichem Ton? Der Fürst konnte sie nicht verstehen. Er hatte sie nie zuvor in einer großen Gesellschaft gesehen, ihr Erfolg und ihr neues, lebhaftes Wesen erschreckten ihn. Seine Frau beanspruchte in letzter Zeit sein ganzes Denken. Sie schien ihm immer mehr zu entgleiten, und zugleich gestaltete sie ihr Stadtleben so, daß er sich zu Hause nie langweilte und nicht mehr nach Zerstreuungen suchte.

Am nächsten Morgen brachte man Anna einen Brief von einer alten Bekannten, die sie angelegentlich bat, ihre Tochter zu einem Ball zu begleiten. Dies war einer der ausgelassensten Bälle, eine Krankheit hinderte sie daran, hinzugehen, das Mädchen aber sollte nicht um sein Vergnügen kommen. Anna, die trotz Einladung nicht vorgehabt hatte, an dem Ball teilzunehmen, überlegte es sich jetzt anders und sagte zu.

Bis zuletzt ließ sie ihren Mann im unklaren über ihre Absicht hinzufahren; sie wußte, daß es ihm nicht gefallen würde, wollte jedoch die Tochter ihrer alten Freundin nicht betrüben.

An diesem Abend hatte der Fürst Gäste, denen er seine Aufsätze vorlas. Anna kannte alle diese langweiligen Betrachtungen, die sie so viele Male hatte umschreiben müssen und die so viele ihr unverständliche, ausgefallene wissenschaftliche Begriffe enthielten. Sie war bei der Lesung nicht zugegen und verbrachte statt dessen den Abend mit den Kindern. Unwillkürlich kamen ihr Bechmetew und die gemeinsamen Abende auf dem Dorf in den Sinn, und ein unerträgliches Gefühl der Einsamkeit und Traurigkeit befiel sie. Nachdem sie die Kinder zu Bett gebracht und sich von ihnen verabschiedet hatte, machte sie sich fertig für den Ball. Gegen zwölf Uhr stand sie in einem silbrigen Kleid mit altertümlichen Blonden[19] und hellen Rosen, gepudert und strahlend in ihrer Schönheit, vor dem Trumeau[20]. Das Dienstmädchen ging vorsichtig um sie herum und besprühte sie mit einem Parfumfläschchen. Die Tür öffnete sich, Anna zuckte zusammen.

Der Fürst trat ein, und als er seine Frau so herausgeputzt sah, blieb er verwundert und ungehalten stehen. «Wo willst du hin?» fragte er.

«Ich begleite Marussja Pawlowitsch auf Bitte ihrer kranken Mutter auf den Ball», erwiderte Anna ruhig.

«Wozu das? Und wieso hast du mir nichts gesagt? Eine Familienmutter – und sich auf Bällen herumtreiben...»

«Was für Ausdrücke! ‹Herumtreiben›! Ich wollte Marussjas Mutter und ihr selbst einen Gefallen tun. Und außerdem liebe ich Bälle. Ich mag Glanz, Schönheit, die Ausgelassenheit der Jugend. Du weißt sehr wohl, daß ich auf den Bällen immer mit den alten Frauen zusammensitze und zuschaue wie im Theater.»

«Wie soll ich wissen, was du dort machst?» sagte der Fürst heftig, wobei er kein Auge von seiner Frau wandte. «Ich kann dir nicht verhehlen, daß du heute sehr schön aussiehst», fügte er hinzu und schlug im Hinausgehen die Tür zu.

Anna sah ihm verächtlich nach, und wieder gingen ihr Bechmetew und die unermeßliche Weite der dörflichen Natur mit ihrer wehmütigen Stimmung, Herbstnebel und stilles, sehr stilles Glück durch den Sinn.

Das Erscheinen der Fürstin Prosorskaja auf

dem Ball machte an diesem Abend besonders starken Eindruck. An der Tür des großen Saals drängte sich ein Grüppchen Männer. Ein Adjutant sagte: «Welch majestätischer Ballauftritt.» Anna blickte sich um. Stets freundlich und ruhig, gab sie mit ihrer Schönheit jedem das Gefühl, gerade ihn zu bevorzugen. Wie fast jede außergewöhnlich schöne Frau besaß sie jenen gütigen, alle liebkosenden Blick, der gleichsam ein Spiegelbild des Gesichtsausdrucks ist, mit dem man Schönheiten voller Wohlgefallen betrachtet.

Doch Annas nachdenkliche und liebevolle Augen sahen an diesem Abend, wenn sie die ausgelassene bunte Menge betrachteten, immer häufiger den über ein Buch oder eine Zeichnung geneigten Kopf des von ihren heißgeliebten Kindern umringten Bechmetew, und sie überkam das Verlangen, von hier, aus diesem Moskauer Getriebe, fortzulaufen in die vertraute, schlichte, wohltuende Stille des Landlebens, wo allein sie glücklich sein konnte.

Die heitere, strahlende Baronin Insbruk trat zu ihr und erkundigte sich, ob sie froh gestimmt sei.

Anna lachte erstaunt und fragte, was der Ball denn zu bieten habe, um sie froh zu stimmen.

«Mais il y a dans cette foule toujours quelqu'un qui vous intéresse?»

«*Oui, il y a foule, mais pur moi il n'y a personne*», erwiderte Anna traurig.

«*Un seul être vous manque, et tout est dépeuplé*»,[21] deklamierte die Baronin einen Vers von Lamartine und verschwand lachend in der Menge, verwundert darüber, was Anna wohl so glücklich, heiter und strahlend machte. Sie, die nicht tanzte und mit niemandem kokettierte, mußte sie sich nicht langweilen?

Anna jedoch langweilte sich deshalb nicht, weil tief in ihrem Inneren der Funke wirklichen Glücks leuchtete, der Funke der Liebe Bechmetews, um die sie wußte und die ihr ganzes Leben von innen erhellte. Sie hätte sich das niemals eingestanden, konnte aber nicht anders, als es zu fühlen. Freute sich jemand an ihrem Anblick, dann stand ihr sogleich vor Augen, wie *er* sich daran erfreute. Ob sie ihren Pflichten nachkam, sich mit etwas befaßte, las oder malte – immer überlegte sie, was *er* davon halten, ob *er* ihr Tun gutheißen würde. Hätte ihr jemand ihren seelischen Zustand klargemacht, sie hätte es entrüstet und entsetzt von sich gewiesen und gemeint, sie werde verleumdet und der Ehrlosigkeit bezichtigt. Doch so war es.

V

Das Leben in der Stadt mit tagtäglicher Sorge darum, daß ihr Mann sich nicht langweilte und sie ihn bei sich und zu Hause hielt, mit unablässigem Bemühen, die gesellschaftlichen Beziehungen zu pflegen und trotzdem die Erziehung der Kinder nicht zu vernachlässigen – all das hatte Anna so sehr erschöpft, daß sie wenigstens zwei Tage aufs Land zu fahren beschloß, um «zu sich zu kommen», wie sie es nannte. Es zog sie in die Stille der Natur, zu den noch frischen Erinnerungen und den reinen Eindrücken des Landlebens, tiefinnerlich aber regte sich der zaghafte Wunsch, Bechmetew wiederzusehen. Sich dies einzugestehen versagte sie sich, doch das Bild des geliebten Mannes verschmolz unwillkürlich mit alldem, was sie aufs Land zog.

Anna erklärte ihrem Mann, sie müsse nach Hause fahren, um auf dem Gut nach dem Rechten zu sehen, in der Schule herrsche Unordnung, die junge Lehrerin, die der Inspektor verunsichert habe, brauche Aufmunterung und Unterstützung; und schließlich sei sie selbst von der Stadt so ermüdet, daß sie hinfahren und einen Blick auf den freien, von keinen Häusern abgesperrten Himmel, den reinen Schnee, den rauhreifbedeckten Wald werfen müsse, sonst werde sie ganz sicher krank.

All das erschien dem Fürsten mehr als befremdlich, doch sah er ein, daß Streiten zwecklos war; bei den Frauen gibt es Entschlüsse, gegen die keiner ankommt, und wenn er es versucht, holt er sich nichts als Beulen, ohne etwas auszurichten.

Anna packte mit Hilfe des Dienstmädchens einen kleinen Koffer, und um keinen einzigen Tag zu verlieren, reiste sie nachts ab. Beim Abschiednehmen von den Kindern wurde ihr ganz bange, sie zurückzulassen. Sie bekreuzigte und küßte lange den erst kürzlich abgestillten kleinen Juscha, küßte die schläfrigen älteren Kinder, und Gewissensbisse regten sich in ihr. Doch bleiben konnte sie nicht, es wäre über ihre Kräfte gegangen. Der Fürst verabschiedete sich von ihr herablassend, aber besonders zärtlich. Noch lange fühlte sie seine feuchten Küsse und hatte seinen sinnlichen Blick vor Augen, der in letzter Zeit so oft auf ihr ruhte.

Das Ziel war erreicht: Ihr Mann hatte sie nicht verlassen. Aber welchen Preis mußte sie dafür zahlen! Sie rief sich ins Gedächtnis, was sie alles unternommen hatte, um ihren Mann zu halten, und empfand Widerwillen gegen sich selbst. Was war aus ihr geworden? Immer weiter entfernte sie sich von dem, der die beste Seite ihres Ichs umgebracht hatte – bei diesem Gedanken grauste ihr.

VI

Anna hatte telegrafisch veranlaßt, daß sie von der Bahnstation abgeholt wurde. Der alte Kutscher, der mit der vertrauten Braunentroika vor dem Bahnhof stand, begrüßte sie sehr freundlich.

Als Anna das Stadttor passierte, überkam sie unbändige Freude. Es war ein herrlicher Morgen. Die grelle Sonne übergoß mit ihrem Licht die blendendweißen ebenen Felder. «Ja, diese Unermeßlichkeit, diese Unendlichkeit, *l'infinité* – das ist es, was ich wollte!» dachte Anna. «Die Mauern, die Zäune, die Häuser – diese schreckliche städtische Atmosphäre hat mich erdrückt! Ja, hier ist das Leben, hier ist die Freiheit und die Weite, hier ist Gott! Ja, ich bin ein freier Vogel, ich bin auf dem Land geboren und aufgewachsen, ich kann nicht in der Stadt leben...», ging ihr durch den Kopf, während die Troika mit fröhlichem Schellengeläut über den verschneiten Weg dahinsauste. Ihre frohe und träumerische

Stimmung wurde nur gestört, wenn der Schlitten durch Schlaglöcher fuhr und sie hochschleuderte.

Endlich erreichten sie die alte Birkenallee. Der Rauhreif hing schwer an den Ästen der hundertjährigen knorrigen Birken und verlieh, wie mit tausend Feuern in der Sonne funkelnd, der ganzen Natur ein festliches Aussehen.

«Ach, wie schön ist das alles, wie vertraut, ruhig und ernsthaft!» dachte Anna, als sie sich dem Haus des Verwalters näherte und ihren Blick über das gesamte Anwesen schweifen ließ.

Der Verwalter erwartete sie mit Samowar und besonders sorgfältig zubereitetem Tee, den seine alte Tante einschenkte. Während Anna trank, berichtete er ihr in bedeutsamem Ton und einer offensichtlich vorbereiteten Rede, wie es um die Gutswirtschaft stand, den Drusch, das Vieh, über Fälle von Waldfrevel. Er wollte wissen, wann sie sich die Bücher anzusehen wünschte.

«Am Abend, jetzt gehe ich zur Tenne, in die Schule und zum Viehhof.»

«Soll ich Sie begleiten, Fürstin?»

«Kommen Sie.»

Anna nahm alles genau in Augenschein. Die wirtschaftlichen Angelegenheiten waren, ohne daß es ihr recht bewußt wurde, bloße Rechtfertigung ihrer Reise. Sie bemühte sich um Gewissenhaftigkeit, obwohl die Gutswirtschaft sie nur wenig interessierte. Ihr war einfach wohl zumute, und alles erschien ihr wie neu in dieser altbekannten Umgebung. Die Kälbchen bei den Muttertieren fanden genauso ihre Aufmerksamkeit wie die jungen, frisch zugerittenen Pferde. Sie prüfte, wieviel Getreide ungemahlen geblieben war, und rügte die Säumigkeit, ja sie kümmerte sich sogar um die sonst immer wenig beachteten Puten und Gänse. All das war natürlich und einfach, es war die urwüchsige und ewige Natur selbst!

Nachdem Anna den Verwalter entlassen hatte, ging sie in die Schule. Die junge Lehrerin, abgemagert und sehr blaß, stand an der Tafel und war eifrig bemüht, einem Jungen, der sie fragend und scheu ansah, eine Aufgabe zu erklären.

«Lidia Wassiljewna!» rief Anna sie an.

«Ach, Fürstin, Teuerste! Was führt Sie her? So eine Überraschung. Welch eine Freude!»

«Warum sind Sie so dünn geworden?» wollte Anna wissen und küßte die Lehrerin.

«Es ist so schwer, Fürstin. Unannehmlichkeiten mit dem Inspektor hatte ich auch. Man gibt sein Herzblut, und dann wird nur herumgekrittelt: nicht die richtige Lektüre, nicht die richtigen

Lehrbücher. Statt für die Entwicklung des Volkes zu sorgen, halten sie es lieber möglichst dumpf.»

Anna betrachtete das liebe bleiche Gesicht der Lehrerin, und plötzlich wurde ihr klar, wieviel besser und edler dieses von niemandem beachtete, nicht geschätzte, aufopferungsvolle und keusche Wesen war, das sein ganzes junges Leben dem Dienst an der Sache gewidmet hatte, an die es glaubte und die es über alles liebte, mehr als sich selbst. Und sie? Nie zufrieden, reich, im Luxus lebend, von ihren Kindern umgeben – womit machte sie sich irgend jemandem nützlich?

Sich selbst zuwider geworden, überlegte Anna, ob denn dieses liebe Mädchen sein trübes Leben unbelohnt verbringen sollte, sie ihr glanzvolles hingegen unbestraft.

Nachdem sie eine Weile dem Unterricht zugehört hatte, verabschiedete sie sich herzlich von der jungen Lehrerin und ging die ehemalige Zofe der seligen Fürstin besuchen, die jetzt, gelähmt, in Rente war.

Die alte Frau freute sich schrecklich über Annas Besuch und begann mit ihren endlosen, so oft schon gehörten Erzählungen über die alten Zeiten, über die Hunde, die sie über alles auf der Welt liebte, wie eine Kuh nachts gekalbt und man das Kalb ganz erfroren in den Stall gebracht hatte, daß das Moskauer Hühnchen gestern ein erstes Ei gelegt und die ganze Nacht gegackert hatte und vieles andere mehr aus der Welt der Tiere. Es war zu sehen, daß die erstarrte Existenz der Alten ganz erfüllt war von fremdem Leben, auch wenn es das Leben von Tieren war – das genügte ihr.

«Ach ja, Mütterchen Fürstin, zum Feiertag des wundertätigen Nikolaus hatte ich gebeten, Tee zu kaufen und alles übrige, dazu ein Wachskerzchen. Nun, das habe ich für den Wundertäter angezündet zum Wohle unseres Väterchens, des Fürsten, mitsamt seiner Gattin und seinem ganzen Haus. Kaum habe ich es angezündet, da höre ich, der Verwalter schickt Leute aus, die sollen nach den fürstlichen Jagdhunden suchen. Sind davongelaufen, die Biester, in den Wald. Ich denke: ‹Lieber Gott, sie werden wegkommen zum Kummer des Fürsten.› Bete ich also zum Wundertäter: ‹Väterchen, wundertätiger Nikolaus, soll doch lieber mein Kerzchen abhanden kommen.› Eine Sünderin bin ich, Fürstin! Und was soll ich sagen – sie waren bald schon wieder da, die verflixten.»

Anna riß sich gewaltsam von dem Gespräch mit der Alten los, kehrte nach Hause zurück, aß mit dem Verwalter und seiner Tante zu Mittag und brach allein zu einem Spaziergang auf, der sie zu ihren so vertrauten und geliebten Orten führte. Es war eiskalt und wunderschön. An den Bäumen und Sträuchern, an den Strohdächern, an jedem Grashalm – allenthalben hing schwerer Rauhreif. Anna nahm den direkten Weg zu ihrer geliebten neuen Baumpflanzung; links war die Sonne bereits tief hinter die jungen Bäume gesunken, während rechts, über dem alten Eichenwald, schon der Mond aufging. Die ganze Winterlandschaft mit den weißen Baumwipfeln wurde von zwei ineinanderfließenden Lichtströmen angestrahlt: dem zartweißen des Mondes und dem hellrosafarbenen des Sonnenuntergangs; der Himmel selbst war dunkelblau, und weiter entfernt auf einer Waldlichtung glänzte reinweißer Pulverschnee.

«Ja, das ist Reinheit! Wie schön überall, dieses Weiß in der Natur, in der Seele, im Leben, in den Sitten, im Gewissen – immer ist es wunderbar! Wie ich diese Reinheit liebe und wie ich getrachtet habe, sie stets und allenthalben zu bewahren! Und wozu? Wer hat sie denn gebraucht? Wäre es nicht besser, Erinnerungen an eine leidenschaftliche Liebe zu haben, und sei sie ehebrecherisch, dafür aber wahr, vollwertig, wäre das nicht besser als die jetzige Leere und das Reinweiß meines Gewissens?» Anna fuhr zusammen. «Natürlich nicht, nein doch, tausendmal nein! Niemals!» hätte sie fast geschrien. Und plötzlich, als wäre sie selbst rein geworden in dieser reinen Natur, verspürte sie einen Aufschwung ihrer seelischen Kräfte wie lange nicht mehr. Es war bereits dunkel, als sie nach Hause zurückkehrte und sich zerstreut die Rechnungsbücher des Verwalters vornahm. Nachdem sie ein paar Bemerkungen gemacht und die Bodenverteilung an die Bauern geregelt hatte, ließ sie das Haus öffnen und ging in das Arbeitszimmer ihres Mannes die Bücher holen, die sie ihm mitbringen sollte. Erschauernd betrat sie das kalte Zimmer und sah sich um. Wieviel Erinnerungen! Wieviel Freude und Leid und Enttäuschungen hatte sie hier erfahren! Sie setzte sich und sah die Sachen ihres Mannes durch, seine Briefe und Papiere, das Tagebuch. Ihre froststarren Finger durchblätterten das ihr bekannte Buch auf der vergeblichen Suche nach etwas, was in irgendeiner Beziehung zu ihr stand. In der letzten Zeit ihres Lebens auf dem Lande hatte der Fürst seine Frau wie Luft behandelt, sie war für ihn in jeder Hinsicht uninteressant gewesen. Doch da stand ihr Name: «Ja, er schildert, wie ich ihn empfangen habe – und empfindet nichts als Ärger.» Es folgte die Beschreibung der Jagd und der Dame, die daran teilgenommen hatte. Annas Herz pochte heftiger. Sie las und war entsetzt über den Zynismus der Ausdrucksweise ihres Mannes.

«Ach, wie furchtbar! Und wie innig und lange ich ihn geliebt habe!» dachte sie mit einer merkwürdigen Aufwallung von Zärtlichkeit und warf das Tagebuch in den Tischkasten. Der Gedanke huschte ihr durch den Sinn, daß sie an ihrem Mann das so innig liebte, worauf ihre reine, liebende Natur Anspruch erhob und nicht, was er ihr statt dessen zu bieten hatte.

Sie legte sich schlafen, ohne entschieden zu haben, ob sie morgen früh nach Moskau oder zu Warwara Alexejewna fahren würde, um deren Bruder zu sehen. Sie fand die ganze Nacht kaum Schlaf. Das Bett war ungewohnt, die Tante des Verwalters, die der Fürstin ihre Daunendecken überlassen hatte und auf der Truhe schlief, stöhnte und schnarchte die ganze Zeit. Endlich war auch diese lange Dezembernacht vorüber, und sobald Anna die Gardine zurückzog und den strahlenden frostigen Morgen sah, beschloß sie, zu Warwara Alexejewna zu fahren. Sie packte ihre Sachen und hieß die Pferde anspannen. Ihre Phantasie war mit allen möglichen Vorwänden beschäftigt, die ihren Besuch bei Warwara Alexejewna notwendig machten. Sie mußte deren Schule sehen, sich mit ihr beraten, um von ihr zu lernen, schließlich wäre es einfach unhöflich gewesen, sie nicht zu besuchen. Doch als Warwara Alexejewnas Anwesen immer näher kam, klopfte Annas Herz heftig. Was wollte sie ihr sagen? Ein besonders vertrautes Verhältnis hatte zwischen ihnen nie bestanden. Welchen Vorwand sollte sie wählen? Und wozu fuhr sie, deren Platz in Moskau war, bei Mann und Kindern, eigentlich hierher, zu einer Frau, die sie kaum kannte?... Die Kinder? Ja, was mochten ihre Kinder jetzt machen? Manja und ihr Liebling, der kleine Juscha?

Doch für solcherlei Überlegungen war es schon zu spät. Der Schlitten hielt an der Vortreppe, und Anna betrat unruhig und zaghaft den Vorraum des kleinen Bauernhauses Warwara Alexejewnas.

Es war unheimlich still in dem Haus, nichts regte sich, als wohnte niemand hier. Alles war manierlich und sauber im Vorraum und dem Wohnzimmer, in das Anna einen Blick warf. Sie wollte schon wieder gehen, als mit weichen Schritten ein alter Diener hereinkam, ihr den Pelzmantel abnahm und sie bat, näher zu treten;

die Herrin sei zu Hause, erklärte er, und er werde sie gleich melden.

Ziemlich lange mußte Anna warten. Schritte wurden vernehmbar, die strenge, würdevolle und höfliche Warwara Alexejewna trat ein. Sie war offensichtlich höchst erstaunt über Annas Besuch, hörte sich ungläubig an, daß diese sich mit ihr über Angelegenheiten der Schule und der Erziehung der Bauernkinder beraten wollte, und bot ihr an, mit ihr zu frühstücken. Ihren Bruder erwähnte sie nicht, und als sich Anna nach seinem Befinden erkundigte, verdüsterte sich ihre Miene.

«Es geht ihm nicht gut», sagte sie. «Ein fürchterlicher Husten. Ich wollte ihn zum Arzt nach Moskau schicken, aber er lacht und meint: ‹Zwölf Jahre lang bin ich schon in Behandlung. Ob früher oder später, ist das nicht einerlei? Das Ende bleibt das gleiche.› Er ist spazierengegangen», fügte sie hinzu.

Annas Herz krampfte sich schmerzhaft zusammen. «Das Ende früher oder später... Ja, so muß es eben sein», dachte sie. «Mein Lebensweg und mein Gewissen sollten durch nichts belastet werden. Alles zum Besten... Aber wie will ich weiterleben? Woran Halt finden?» schrie es in ihr auf, und keinerlei Gedanken an Pflicht,

Ehemann und Kinder konnten sie von der grauenvollen Vorstellung von Bechmetews Tod ablenken.

Da wurde im Vorraum eine Stimme hörbar, die sich erkundigte, wer denn gekommen sei.

«Irgendeine Herrin, eine Fürstin, ich habe ihren Namen vergessen.»

Bechmetew trat eilig in das Wohnzimmer. Er erbleichte, als er Anna sah, hielt einen Moment inne, dann schoß ihm das Blut ins Gesicht, und er gewann die Fassung wieder.

Betroffen von seiner Veränderung, sah ihm Anna fest und ernst in die Augen, und aus diesem stummen Blickwechsel sprach beider erstes, schwerwiegendes Bekenntnis.

«Am wenigsten von allen auf der Welt hätte ich erwartet, Sie hier zu sehen, Fürstin», sagte Bechmetew als erster. Er fragte sie nicht, weshalb sie ins Dorf gekommen war, er verstand augenblicklich, verstand es an dem leidenschaftlichen, schmerzlich-strengen Ausdruck der auf ihn gerichteten wunderschönen dunklen Augen; Freude und Schmerz erfaßten zugleich sein Herz.

Die Gespräche waren allgemeiner Natur. Anna erzählte von Moskau, wie sehr sie das Stadtleben ermüdet habe, und die abgerissenen, harten Laute von Bechmetews Husten ließen sie fortwährend zusammenzucken.

Als Warwara Alexejewna aus irgendeinem Grund hinausging, änderte Anna plötzlich ihren Tonfall und fragte beunruhigt: «Geht es Ihnen schlecht?»

«Ja, etwas in meiner Brust ist nicht in Ordnung. Im Sommer wird es sich geben.»

«Wir kommen im März», entfuhr es Anna unwillkürlich.

«Wie schön wird das sein! Von Ihnen, Fürstin, erzählt man sich, daß Sie unerhörten Erfolg in der Gesellschaft haben», sagte Bechmetew.

«Wer hat Ihnen das gesagt? Wenn Sie wüßten – für mich gibt es dort niemanden!» entgegnete Anna.

«Sie interessiert einstweilen niemand, während alle Sie verehren. Sie wissen doch, eine Frau wie Sie liebzugewinnen ist gefährlich; in der Liebe gibt es kein Einhalten auf halbem Weg, die Liebe wird Sie ganz haben wollen...»

Bechmetew erbleichte wieder; er rang nach Atem, und die leidenschaftliche Strenge seines Gesichts verlieh ihm sogar einen unangenehmen Ausdruck. Anna betrachtete ihn erschrocken. Die ungewohnten Reden aus dem Munde dieses idealen Menschen verwirrten sie schrecklich. Sie schwieg. Bechmetews von der Krankheit gezeichnetes Gesicht blieb düster, und die unterdrückte Leidenschaft verzerrte es so, daß es noch kränker wirkte.

Anna blickte ihn gequält an. «Wie, auch Sie denken so? Aber solche Ansprüche müssen die Liebe doch umbringen, und sie wird tagtäglich umgebracht von allen, ja, allen.»

«Was vermag denn die Liebe am Leben zu erhalten, Fürstin, und zwar für lange?»

«Oh, natürlich allein eine geistige Beziehung. Eine solche Liebe ist ewig, für sie gibt es keinen Tod.»

«*Ausschließlich* eine geistige Beziehung, meinen Sie?»

«Ich weiß nicht, ob ausschließlich oder nicht, aber auf jeden Fall *in erster Linie*, darin liegt es, das unzweifelhafte Glück.»

Bechmetew wurde nachdenklich. «Vielleicht haben Sie recht, Fürstin», sagte er leise. «So ist es besser, und mag es so sein», fügte er hinzu, wobei er näher trat und einen Stuhl heranrückte, um sich zu ihr zu setzen.

Teilnahmsvoll und einfühlsam befragte er sie nach ihren Kindern, ihrer Malerei, über ihr Leben im allgemeinen. Sie erzählte ihm ausführlich, wie man es bei einem Menschen tut, von dem man sicher ist, daß ihn alles, absolut alles interessiert.

Als Warwara Alexejewna wiedererschien, bot sie Anna an, ihre Schule zu besichtigen. Anna war um größte Aufmerksamkeit bemüht, doch fiel sie ihr sichtlich schwer. Nach dem Mittagessen beeilte sie sich mit dem Aufbruch, um den Zug nicht zu verpassen.

«Darf ich Sie begleiten, Fürstin?» fragte Bechmetew. «Ich muß morgen in der Stadt sein, da möchte ich die Gelegenheit nutzen, mit Ihnen zur Bahnstation zu fahren.»

Anna erwiderte nichts, aber als der Schlitten vorfuhr, sagte sie: «Dmitri Alexejewitsch, wollten Sie nicht zur Bahnstation mitgenommen werden?»

«Ich bin gleich fertig, Fürstin.»

Unterwegs sprachen sie nicht. Es war trübe, ein feuchter, lauer Wind wehte; aus dichten, tiefhängenden Wolken kündigten sich Schnee und Sturm an.

«Wir scheinen in einen Schneesturm zu geraten.»

«Schweigen Sie bitte, bei solchem Wind dürfen Sie nicht sprechen», sagte Anna.

Und er schwieg, doch seine Augen, die nach vorn blickten, ohne etwas wahrzunehmen, was außerhalb seiner selbst vor sich ging, sahen nur sein inneres Glück, das Glück, neben der Frau zu sitzen, die er über alles auf der Welt liebte, ohne zu wagen, es ihr zu sagen, und deren Liebe er spürte. Anna sah diesen Ausdruck von Glück, und lange, lange danach, in einsamen schweren Momenten ihres Lebens, leuchtete ihr jener Blick von innen.

Sie fuhren weiter und weiter, und ihre Gedanken waren mit ein und demselben beschäftigt, ohne noch etwas zu verlangen, weder vom Schicksal noch einer vom anderen, und sie fühlten in dieser verschneiten, reinen, grenzenlosen Weite ihre Beziehung zur Natur, zu Gott und zur Ewigkeit, in der jetzt wie später und immerdar ein Leben zu leben war, das die Möglichkeit bot, glücklich und rein zu sein und uneigennützig und endlos zu lieben.

«Da sind schon die Lichter der Station», sagte Anna.

«Nun, Dmitri Alexejewitsch, Sie werden wohl im Bahnhof übernachten müssen», sagte der Kutscher. «Der Schneesturm ist schon losgebrochen.»

«Kann ich machen. Wir sind da, Fürstin.»

Auf dem Bahnsteig verabschiedeten sie sich mit einem einfachen Händedruck.

Bechmetew wartete die Abfahrt des Zuges ab und sah noch lange dem sich entfernenden Wagenende nach, das sich um eine Biegung schlängelte und unter einem Brückenbogen verschwand.

VII

Wie immer, wenn sich Anna ihrem Zuhause näherte, wuchs ihre Unruhe, wie sie es vorfinden würde und ob die Kinder gesund waren, von Minute zu Minute.

«Sind alle wohlauf zu Hause?» erkundigte sie sich bei dem Kutscher.

«Kann ich nicht wissen, ich habe nichts gehört, Euer Durchlaucht.»

Ihre Ungeduld und Unruhe steigerten sich bis zur Unerträglichkeit, als Anna das Haus erreichte und der Diener die Tür öffnete.

«Sind alle gesund?» fragte Anna wieder.

«Gott sei Dank, der Kleine hat bloß Fieber, sagte die Kinderfrau.»

Anna stockte das Herz. «Das habe ich gefühlt», dachte sie.

Nachdem sie sich am Ofen im Vorraum aufgewärmt hatte, eilte sie direkt ins Kinderzimmer. Die älteren Kinder stürzten ihr mit dem Aufschrei «Mama ist da, Mama ist da!» entgegen.

«Juscha hat Fieber», verkündete feierlich Manja, die, wie alle Kinder, ihre Neuigkeit nicht schnell genug loswerden konnte. Anna lief zu dem Kinderbettchen und packte den kleinen Juscha, der beim Anblick seiner Mutter vor Aufregung losweinte.

Entsetzen und Verzweiflung überkamen Anna, quälende Gewissensbisse. Ihre ganze Reise und diese egoistische, so wenig zu ihr passende Schwäche erschienen ihr verwerflich. Sie betrachtete den weinenden, glühenden Kleinen und wagte nicht einmal, ihn zu küssen. «Ist nach dem Arzt geschickt worden?»

«Nein», erwiderte die Kinderfrau. «Der Fürst hat angeordnet, Ihre Ankunft abzuwarten.»

Anna schrieb rasch etwas für den Arzt auf und fragte, wo der Fürst sei.

«In seinem Arbeitszimmer, er arbeitet.»

«Ihn kümmert es natürlich nicht, daß Juscha krank ist», dachte sie bitter.

Der Fürst hatte sein Arbeitszimmer noch immer nicht verlassen, als der Arzt eintraf. Anna beobachtete fragend das Gesicht und die Bewegungen des berühmten Professors für Kinderkrankheiten und erkannte, daß es schlecht um ihr Kind stand.

«Noch läßt sich nichts sagen, Fürstin. Morgen wird es sich zeigen. Das Fieber ist sehr hoch. Es dürften die Masern sein, möglicherweise mit Komplikationen», meinte der Arzt.

Der Kleine atmete schwer und hustete heiser. Der Fürst kam herein. Er begrüßte seine Frau und den Arzt und fragte: «Bis du schon lange da?»

«Seit zwei Stunden.»

Der Fürst sprach mit dem Arzt, wobei er verächtlich sein Mißtrauen gegenüber der Medizin erkennen ließ, und verabschiedete ihn kühl.

«Ich komme morgen früh wieder, Fürstin», versprach der Arzt.

«Bitte.» Anna legte den eingeschlafenen Kleinen in sein Bettchen. «Gehen Sie essen, Njanja», sagte sie zu der Kinderfrau, «ich bleibe hier sitzen.»

Der Fürst blieb gleichfalls im Kinderzimmer und begann Anna über ihre Reise auszufragen.

«Wo hast du denn geschlafen?» wollte er unter anderem wissen.

«Im Hause des Verwalters natürlich, unser Haus ist ja nicht geheizt.»

«Wie unschicklich und dumm.»

«Was?!» fragte sie erstaunt.

«*C'est un jeune homme, et je vous dis que ce n'est pas convenable; vous manquez toujours de tact.*»[22]

«Ich habe bei seiner Tante geschlafen», preßte Anna mühsam hervor, verstummte und sah bekümmert in das Bettchen des schlafenden Kleinen.

«Bist du noch wo gewesen?» fragte sie der Fürst weiter aus.

«Ja, ich bin zu Warwara Alexejewna gefahren, um mir ihre Schule anzusehen, Dmitri Alexejewitsch habe ich auch gesehen. Er hat mich zur Bahnstation gebracht. Schlecht geht es ihm, er hustet furchtbar.»

«Wie? Auch das noch? Du bist mit ihm nachts gefahren, allein?»

«Nicht nachts, sondern abends.»

Der Fürst sprang auf und schritt im Kinderzimmer auf und ab.

«Du führst dich weiß Gott wie auf!» schrie er.

«Leise, du weckst den Kleinen.»

«So kann man nicht leben! Das ist ja unglaublich!» schrie der Fürst weiter. «Du hast Kinder und bist bereit, dich jedem an den Hals zu werfen, der sich an dich heranmacht.»

Anna schwieg, doch aus ihren Augen flossen Tränen. Niedergedrückt von Gewissensbissen und der Sorge um das Kind, gekränkt durch die

Verdächtigungen ihres Mannes, fand sie nichts zu ihrer Rechtfertigung vorzubringen; sie warf nur einen strengen Seitenblick auf ihren Mann, dann auf den Kleinen und flüsterte: «Leise, bitte.»

Der Fürst verstummte. Einen Augenblick lang schwankte er, ob seine Vorhaltungen berechtigt waren, und begriff: Wenn seine Frau sich nichts hatte zuschulden kommen lassen, dann nicht seinethalben, der sie so oft mit seiner Eifersucht kränkte, sondern dieses glühenden, heißgeliebten kleinen Jungen wegen.

Er ging hinaus. Lange lief er in seinem Arbeitszimmer auf und ab. Die Eifersucht quälte ihn in letzter Zeit immer mehr. Die Phantasie malte ihm die schmutzigsten und zynischsten Bilder. Bald sah er den nachts in das Zimmer seiner schlafenden Frau tretenden Verwalter, bald stand ihm Bechmetew, sein alter Freund, vor Augen, wie er sie im Schlitten umarmte. Und sie? Er kannte sie nicht; er hatte sich nie die Mühe gemacht, herauszufinden, was für eine Frau sie war. Er kannte ihre Schultern, ihre wundervollen Augen, ihr leidenschaftliches Temperament (er war so glücklich gewesen, als er es endlich geweckt hatte), ob sie aber glücklich war mit ihm, ob sie eine ganz und gar rechtschaffene Frau war und ihn liebte oder nicht, das hätte er nicht mit

Sicherheit sagen können. Sie gab zwar seinem Drängen immer wieder nach, doch was dahinterstand, das blieb ihm verschlossen.

Während er zum zehntenmal sein Arbeitszimmer durchschritt, rief er sich seine Liebesabenteuer vor der Hochzeit ins Gedächtnis zurück. Wie schlau und geschickt hatte auch er vertrauensselige Ehemänner hinters Licht geführt, um ihnen ihre Frauen abspenstig zu machen! Wie natürlich und amüsant waren diese andauernden Flirts gewesen, diese findigen Kniffe, mit denen er Rendezvous und Troikafahrten arrangiert oder, ohne daß es die Umgebung und vor allem der Ehemann merkte, unter dem flauschigen Umhang das warme Händchen der Dame gedrückt und ihre biegsame Taille an sich gepreßt hatte. «Warum sollten andere nicht dasselbe mit meiner Frau tun? Warum sollte Bechmetew nicht die Gelegenheit nutzen, einer so schönen Frau den Hof zu machen, die sich ihm geradezu an den Hals wirft?» Immer mehr peinigte den Fürsten die Eifersucht, und der Haß auf die Frau, die sein alleiniger Besitz sein mußte, wuchs mit schrecklicher Gewalt. Doch mit diesem Haß wuchs auch sein Verlangen, ein unbezähmbares, tierisches Verlangen, dessen Macht er spürte – und das erboste ihn noch mehr.

Die Kinder, alle vier, erkrankten tatsächlich an Masern. Bei dem kleinen Juscha kam als Komplikation eine Lungenentzündung hinzu. Anna zog zu ihnen ins Zimmer und beobachtete mit schmerzlicher Beklommenheit ihren Zustand. Nächtelang saß sie da, den kleinen Juscha im Arm, oder ging mit ihm im Zimmer auf und ab. Über sein blau verfärbtes Gesichtchen gebeugt, hörte sie gequält auf sein Röcheln, atmete ihm ins Mündchen, küßte ihn, als wollte sie so ihr Leben, ihre Gesundheit auf ihn übertragen. Manchmal stand sie an seinem Bettchen und betete, betete, wie nur Mütter beten. Ihr Gebet war kein Bitten, daß Gott ihr Kind retten möge, sondern Eingeständnis ihrer Ohnmacht vor Gott und Sichergeben in seine Macht. «Da stehe ich, Herr, leidend, schwach und demutvoll. Erbarme Dich meiner; wenn es Dein Wille ist, so rette ihn!»

Ihrem Mann war die Erkrankung der Kinder offensichtlich lästig. Er sprach davon, daß Anna die Gefahr übertreibe und allen im Haus das Leben zur Hölle mache. Er ging dem Arzt, der jeden Tag kam, aus dem Weg, und zürnte Anna, daß sie ihm uneingeschränkt vertraue. Doch Anna ließ sich dadurch nicht beirren, sie erwartete diesen warmherzigen und klugen Menschen immer mit Ungeduld. Er bewies so viel Aufmerksamkeit und Anteilnahme gegenüber ihrem Kind und ihrem Leid. Mit so gütigen Augen betrachtete er diese junge, leidenschaftliche und vom Kummer abgehärmte Mutter.

«Sie müssen nicht derart verzweifelt sein, Fürstin», sprach er, während er dem Kleinen einen Brustwickel machte. «Sehen Sie, wieviel Leben in ihm ist – es geht ihm etwas besser, er spielt schon wieder.»

Die völlig zermürbte Anna war diesem Mann, der ihr, abgesehen von seiner ärztlichen Hilfe, in dieser schweren Phase ihres Lebens eine Stütze war und ihr Trost spendete, von Herzen dankbar.

Der kleine Juscha und die anderen Kinder wurden gesund. Anna lebte vorübergehend wieder auf und erholte sich seelisch. Die Stimmung des Fürsten heiterte sich ebenfalls auf. Er war froh, daß das Leben in seine alten Bahnen zurückgekehrt, daß Anna vom Kinder- wieder ins Schlafzimmer übergewechselt war und der Arzt seine Besuche eingestellt hatte. Anna durchschaute das alles, und die Liebe zu ihrem Mann bekam einen weiteren Riß. Nie vergaß und verzieh sie ihm seine Gleichgültigkeit gegenüber der Krankheit der Kinder und seine Teilnahmslosigkeit angesichts ihres Leids.

Als alle wiederhergestellt waren, hielt Annas geschwächter und erschöpfter Organismus nicht länger stand. Die über ihre Kräfte gegangene Pflege der Kinder, die schlaflosen Nächte, die sie oft damit verbracht hatte, den schweren Kleinen stundenlang durchs Zimmer zu tragen, die Unruhe des Herzens – all das führte zu einer Fehlgeburt und einem daraus resultierenden schweren Frauenleiden. Sechs Wochen lang mußte sie das Bett hüten.

Der Fürst bekam zunächst einen gewaltigen Schreck, holte selbst den Arzt, schlief nächtelang nicht, befürchtete, die gewohnte Bequemlichkeit zu verlieren, eine junge, schöne und gesunde Frau zu haben. Bald war er zärtlich, bald nervösunruhig, bald reagierte er gereizt auf unvorsichtige Bewegungen seiner Frau und tadelte sie, sich nicht vorzusehen. Doch als die Gefahr vorüber war und Anna, bleich und still, wochenlang mit einem Buch oder irgendeiner Arbeit in den Händen dalag, begann er sich schrecklich zu langweilen und unter verschiedenen Vorwänden das Haus zu verlassen. Häufig ließ er sogar eine gewisse Feindseligkeit erkennen, weshalb Anna an das Sprichwort vom Ehemann, der eine gesunde Frau liebt...,[23] denken und über ihre Hinfälligkeit seufzen mußte.

Nach und nach gewöhnte sie sich an diese zynische Einstellung ihres Mannes und an ihre Einsamkeit. Wie oft dachte sie an ihre Mutter und ihre Schwester, die sie jetzt hätten trösten können; doch sie lebten schon lange im Ausland, des kleinen Mischas wegen, den sie, da bei ihm eine Wirbelsäulenverkrümmung festgestellt worden war, jahraus, jahrein von einem Ort zum anderen brachten, um seine schwache Existenz aufrechtzuerhalten.

Anna umgab sich gern mit den Kindern und mit Büchern. Doch die Kinder ermüdeten sie, und sie wurden auf Anweisung der Ärzte von ihr ferngehalten. Die Bücher aber nahm ihr keiner weg. Selten hatte sie in ihrem Leben so viel Muße gehabt wie jetzt. Von den philosophischen Büchern im Arbeitszimmer ihres Mannes hatte sie nur wenige gelesen, andere aus Zeitmangel lediglich überflogen. Jetzt holte sie sich ihre philosophischen Lieblingswerke und schrieb beim Lesen die Stellen heraus, die ihr am meisten gefielen. Zwei Monate später ging sie ihr Notizbuch durch und wunderte sich selbst, wie sehr ihr Interesse vor allem der Frage des Todes galt, und zwar nicht im Sinne des Ausscheidens aus dem Leben, sondern im Hinblick darauf, daß es keinen Tod gibt. Ein neues religiöses Gefühl ergriff von ihrer Seele Besitz. Das Maß aller Dinge war für sie der Glaube an die Unsterblichkeit. Hinter allem Weltlichen machte sie plötzlich den Punkt aus, für den es keine Begrenzung gab, durch den ihr geistiges Auge die Unendlichkeit und Unsterblichkeit erblickte, und ihr wurde leicht und froh zumute. «Alles, was darüber in unserer Kirchenlehre steht, spricht gleichfalls von der Unsterblichkeit... Epiktet[24] – der Philosoph, Heide und Sklave – hat begriffen, daß es keinen Tod gibt, daß der Tod die Absorption des menschlichen Verstandes durch den universellen Verstand ist», überlegte Anna bei der Durchsicht ihres Notizbuches. «Ja, uns wird dieser universelle Verstand absorbieren, diese Gottheit, die wir mit unserem ganzen Sein kennen, die wir lieben, von der wir ausgehen und deren Willen wir uns anheimgeben!»

In dieser neuen beseligten Stimmung verließ Anna Anfang April Moskau und fuhr mit ihrer Familie aufs Dorf.

VIII

Annas Stimmung beunruhigte den Fürsten. Etwas Unnatürliches, Gelassenes, Rätselhaftes und zugleich Selbstbewußtes durchdrang ihr ganzes Wesen, etwas, was sie vor ihm bewahrte, an das sie ihn nicht heranließ. So richtig verstanden hatte er sie nie, jetzt aber verstand er sie weniger denn je.

Auf dem Dorf erholte sich Anna zusehends. Ihr behandelnder Arzt wies den Fürsten darauf hin, daß trotz dieser Erstarkung seine Frau sich in acht nehmen müsse, ein Rückfall sei möglich, und zwar nicht nur einmal. «Baden im Fluß, wenn es heiß ist, möglichst viel Ruhe und Schluß mit der Vergrößerung der Familie», fügte er dezent lächelnd hinzu.

Der Fürst verzog nur wortlos das Gesicht.

Anna beriet sich noch mit einer ihr bekannten Ärztin und beschloß ungeachtet des Mißmuts des Fürsten, alle Anweisungen zu befolgen, um wieder gesund, stark und schön zu werden.

Und das gelang ihr auch. Die Ratschläge der Ärzte taten ihre Wirkung; Anna erblühte gleichzeitig mit der Pracht der Natur, gewann an Lebhaftigkeit und Schönheit, und ihre eingeschlafene Energie erwachte mit solcher Kraft, daß sie oft meinte, jetzt alles bewältigen, alle menschlichen Fähigkeiten auf einmal entfalten zu können.

Nachdem sie sich in ihrer gewohnten ländlichen Atmosphäre eingerichtet hatte, genoß sie zunächst ganz die Freuden der Frühjahrseindrücke, der Freiheit, der Natur. Die Stimmung des Fürsten hellte sich gleichfalls auf, und er ging gelassener und sanfter mit seiner Frau um. Oft schlug er ihr Spaziergänge vor, erzählte ihr von seinen Gedanken im Hinblick auf seine Aufsätze und das soeben erschienene Buch und suchte ihr Interesse für die Gutswirtschaft zu wecken.

«Sollte es tatsächlich noch möglich sein, daß wir einander näherkommen?» dachte Anna froh. Sie war ihrem Mann gegenüber aufmerksam und liebevoll, kam seinen Wünschen nach und suchte ein engeres Verhältnis zwischen ihm und den Kindern herzustellen. Wie es in Zeiten familiären Wohlergehens oft zu sein pflegt, genoß Anna ihr Glück, verdrängte Fragen und Zweifel, all das, was diese glückliche Gesamtstimmung hätte trüben können. Wie einfach, wie bereitwillig gab sie sich wieder der Liebe zu ihrem Mann hin. Noch einmal von der Zuversicht erfüllt, daß sie mit ihm glücklich sein könne, daß ihr Zerwürfnis zufällig und vorübergehend gewesen sei, verhielt sie sich zu ihm in höchstem Maße zutraulich und teilnahmsvoll. Alle Gedanken an Bechmetew trachtete sie aus ihrem Herzen zu verbannen, in welchem er bereits einen festen Platz eingenommen hatte.

Doch die verliebte, friedfertige Stimmung des Fürsten hatte ihre Grenzen und hielt wieder einmal nicht lange an.

Mitte Mai, an einem für diese Jahreszeit selten heißen Tag, stand Anna ungewohnt früh auf und trat auf die Terrasse. Die ganze Familie schlief noch. Anna ließ nachsehen, ob Manja und ihre Gouvernante nicht doch schon auf seien, damit sie sie mitnehmen könne. Doch auch sie schliefen noch. Da ging sie allein in den Wald. Der Morgen war wundervoll, wie er es nur im Mai zu sein pflegt, wenn die Natur noch nicht alles gegeben hat und weit mehr Schönheit und Erblühen verspricht, wenn alles frisch, farbkräftig und neu, wenn nicht wie im Sommer zu befürchten ist, daß bald schon all diese reife Schönheit verblassen und vergehen wird.

Als Malerin mit feinem Gespür für jegliche Schönheit konnte Anna sich nicht satt sehen und merkte gar nicht, wie sie zu dem zwei Werst vom Haus entfernten Fluß gelangte.

«Es täte gut, ein erstes Bad zu nehmen», dachte sie und betrat das gerade erst neu eröffnete Flußbad. Sich auszuziehen und allein in das Wasser zu steigen kostete sie Überwindung. Doch das klare, stille Wasser wirkte mit seiner Frische so anziehend, daß sie eilig ihre Sachen ablegte und hineinsprang. Schritte und Stimmen wurden hörbar, und Anna kleidete sich rasch wieder an. Sie fühlte sich unbeschwert und frohgemut. Ihre Natürlichkeit gab sich leidenschaftlich diesem schlichten Familien- und Landleben hin; nichts schien es stören zu können. Leichtfüßig lief sie heimwärts und begegnete unterwegs dem Verwalter. Sie erkundigte sich, woher er komme und wohin er wolle. Er sagte, er sei die Felder zu Fuß abgegangen, weil das Pferd plötzlich gelahmt habe, und jetzt sei er auf dem Heimweg. «Es ist ja ein so herrlicher Morgen!» fügte er hinzu. «Und Euer Durchlaucht sind zeitig aufgestanden.»

Gespräche über die Gutswirtschaft, den Stand der Saaten, die vom Fürsten gekauften und aus Moskau angelieferten neuen Maschinen interessierten Anna wenig, aber ihre glückliche Verfassung stimmte sie so milde, daß sie niemanden kränken mochte, und so hörte sie sich aufmerksam und sogar mit Anteilnahme an, was den Verwalter beschäftigte.

Als der Weg sich gabelte, nach der einen Seite zum Herrenhaus, nach der anderen zum Nebengebäude des Verwalters, und Anna sich verabschiedete, bemerkte sie plötzlich ihren Mann, der ihr entgegenkam. Schon von weitem grüßte sie ihn mit fröhlicher und liebevoller Stimme, doch als er näher heran war und sie sein Gesicht sah, stockte ihr das Herz. Es war wutverzerrt.

«Woher kommst du so früh?» wollte er wissen.

«Ich habe einen Spaziergang gemacht und gebadet.»

«*Et que veut dire cette intimité avec l'intendant?*»[25]

«*Intimité*? Warum? Er kam einfach von den Feldern, ich vom Baden, wir sind uns begegnet und beide weiter nach Hause gegangen; es gibt ja wohl nur den einen Weg?» lautete Annas lächelnd vorgebrachte einfache Erklärung.

«Du warst schon immer erniedrigend taktlos und wirst es auch bleiben; dieses Tête-à-tête ist unschicklich, *c'est presque un domestique*[26]», sagte der Fürst mit vor Entrüstung erstickter Stimme.

«Ach, du lieber Gott! Warum verdirbst du nur ewig unser Glück?» sagte Anna.

«Jetzt beginnen auch noch die Sentimentalitäten. *Je suis trop vieux pour cela, ma chère.*[27]»

«Es ist völlig unnötig, daß du dich selbst und

mich quälst», fuhr Anna fort. «Du tust mir leid. Sieh mich doch an, schau dich um, komm, laß uns zusammen gehen», redete Anna ihm sanft zu. Der Fürst schwieg und lief voraus.

«Bist du denn nicht in der Lage, dich einmal nicht zu ärgern? Dazu besteht doch gar kein Grund! Ja, ich bin taktlos und dumm, aber mir tut es doch weh um dich, ich liebe dich. Ich kann diese Strenge, diese Ruhelosigkeit, die in dir ist, nicht mit ansehen.» Sie faßte ihn unter und schmiegte sich an ihn, wie um Behütung und Zärtlichkeit bittend. Doch der Fürst schob ihren Arm weg und schritt eilig aus. Anna hielt inne; mit trockenen verzweifelten Augen sah sie ihrem Mann nach, als geleite sie ihr letztes Glück, bevor auch sie mit einem schweren, tiefen Seufzer langsam ihren Heimweg fortsetzte.

Von diesem Tag an begann der Fürst den Verwalter böswillig zu schikanieren und brachte sich mit dessen bald darauf schuldlos erfolgenden Entlassung um eine wertvolle Stütze.

Anna konnte und wollte sich die Erniedrigung nicht eingestehen, die sie durch ihren Mann erdulden mußte. Sie, die ihre Unbescholtenheit über alles auf der Welt stellte und für ein reines, glückliches Familienleben alles geopfert hätte, wenn es von ihr verlangt worden wäre!

Wieder einmal war es vorbei mit dem guten Verhältnis zu ihrem Mann. Es wurde angespannt, distanziert, unnatürlich. Anna litt schwer darunter, nicht lange war sie sorglos und glücklich gewesen. Abermals begann sie zu verlöschen, und um sich vor der Melancholie zu retten, nahm sie ihre alte Lieblingsbeschäftigung wieder auf – das Malen.

Eines Morgens griff sie zu Leinwand, Schirm und Farbkasten, verließ das Haus und suchte sich eine Stelle am Teichufer, um eine Dorfansicht zu malen. Gerade hatte sie alles vorbereitet, als sie plötzlich das Geräusch einer Kutsche vernahm. Sie blickte zum Weg hinüber und erkannte sofort die Kalesche und die Pferde Bechmetews. Seit ihrer Ankunft war er nur einmal bei ihnen gewesen, und zwar in einer größeren Gesellschaft, sie wußte, weshalb er sich fernhielt. Eine dunkle Ahnung sagte ihr, daß seine uneigennützige Liebe vor allem darauf bedacht war, ihr Familienglück nicht zu stören, sie nicht in seelische Unruhe zu versetzen, und dieser edle Zug erhöhte ihn nur noch mehr in ihren Augen.

Bechmetew hatte Anna schon von weitem erblickt, jetzt hielt er die Pferde an und stieg aus. Nachdem er sie begrüßt hatte, sagte er: «Sieh an, womit Sie wieder beschäftigt sind, Fürstin. Ich habe eine Ewigkeit nichts mehr gemalt.»

«Lassen Sie uns doch zusammen etwas malen – mal sehen, wer es besser kann, möchten Sie?» schlug Anna vor.

«Ich habe ja nichts bei mir.»

«Ich habe alles. Gehen Sie meinem Mann guten Tag sagen, und dann holen Sie sich aus dem Schrank im Eckzimmer alles, was Sie brauchen. Dort finden Sie eine ebensolche Leinwand, eine Palette und Farben. Pinsel gebe ich Ihnen, hier sind genug.»

Eine halbe Stunde später war Bechmetew mit allem Nötigen zurück, und die Arbeit begann.

«Wie steht es um Ihre Gesundheit?» erkundigte sich Anna, während sie rasch und geschickt die Umrisse der Bauernhäuser skizzierte.

«Alles beim alten, Fürstin, nicht gut. Aber Sie, wie Sie sich herausgemacht haben, richtig aufgeblüht sind Sie!»

«Ja, mir kann anscheinend nichts etwas anhaben. Ich bin zu gesund.»

«Ihnen hat Gott alles gegeben: Gesundheit, Glück, eine Familie, Schönheit.»

«Sie meinen, daß ich *sehr* glücklich bin?»

«Das sehe ich.»

«Ja?» sagte Anna zerstreut und traurig.

Sie malten schweigend weiter.

«Wie anregend es ist, so zusammenzuarbeiten», sagte Anna.

«Und wie nahe es einander bringt, wie man sich verbunden fühlt durch dieses gemeinsame Arbeiten», sagte Bechmetew leise.

«Wir sollten etwas zusammen übersetzen. Ich lese gerade Amiel, ‹*Fragments d'un journal intime*›,[28] großartig! Allein würde ich es nicht schaffen, aber Sie haben so gute Fremdsprachenkenntnisse.»

«Das wäre wunderbar, wenn es Ihnen ernst damit ist, Fürstin.»

«Warum nicht? Ich liebe geistige Arbeit, und Sie können mir helfen.»

Sie schwiegen wieder. Anna fielen plötzlich die Abende vom Vorjahr ein, ihre glückliche, ruhige Verfassung in Gegenwart dieses Mannes, und stille, lichte Freude erhellte plötzlich ihr ganzes Sein. Sie sah ihn an und fing zufällig seinen Blick auf. Im Ausdruck ihrer sich begegnenden Augen war nichts mehr von jener Strenge, jener Angst vor der Möglichkeit des Aufflammens ehebrecherischer Leidenschaft, sondern eingestandene, froh machende geistige Übereinstimmung, die niemandem zum Schaden gereichen, ihr Leben indes mit Licht, Sinn und unendlicher Freude erfüllen konnte.

Von diesem Tag an wurde Anna wieder ruhig. Lebenskraft, Selbstvertrauen und Sanftmut kehrten zu ihr zurück. Was ihr wichtig erschienen war, was sie beunruhigt hatte, verlor seine Bedeutung. Abendelang arbeitete sie freudig an ihrer Übersetzung. Bechmetew kam fast täglich und half ihr, und da sie den Fürsten häufig in die Arbeit einbezogen, fand auch er Interesse daran und behandelte Bechmetew freundschaftlich und vertrauensvoll.

Einmal, nachdem sie lange an der Übersetzung gesessen hatten, schlug Anna zur Erholung nach dem Essen einen Ausritt vor. Die Bitte, den Ritt mit ihr zu unternehmen, richtete sie an ihren Mann. Der Fürst stimmte bereitwillig zu und sagte, zu Bechmetew gewandt: «Ich hoffe, du kommst mit, Dmitri?»

«Sehr gern.»

Bald standen drei fabelhafte gesattelte Pferde bereit. Anna sah wunderschön aus mit ihrer frischen Gesichtsfarbe und im schwarzen Reitkleid auf einem Rappen. Der Fürst ritt auf einem Zelter[29], und für Bechmetew hatte er eine besonders kostbare englische Fuchsstute ausgewählt.

«Ich möchte dir eine Freude mit diesem Pferd machen, sieh doch, wie schön es ist!»

«Ja, eine Pracht! Und wie leichtfüßig es läuft.»

Doch sie hatten erst eine halbe Werst zurückgelegt, als ihnen ein Nachbar von einem abgelegenen Gut begegnete, der in geschäftlichen Dingen zum Fürsten unterwegs war.

«Ach, zu ärgerlich, ich muß umkehren», sagte der Fürst.

«Wie schade!» sagte Anna seufzend.

«Reite du mit Dmitri ruhig weiter, ich komme nach, wenn mein Gespräch mit dem Besucher beendet ist.»

Anna zeigte sich einen Augenblick lang unschlüssig, ob sie mit ihrem Mann umkehren oder mit Bechmetew weiterreiten sollte. Doch plötzlich bekam sie Angst, der Fürst könnte ihr Schwanken bemerken, und sagte ganz schlicht und natürlich: «Gut, wir reiten nur um den Wald herum, du findest uns dann am Bach.»

Der Weg durch den Wald war sehr schmal. Bechmetew und Anna ritten dicht beieinander und schwiegen. Darüber, was sie beide bewegte, konnten sie nicht sprechen, und über anderes reden mochten sie nicht. Das Glück zusammenzusein befriedigte sie voll und ganz. Endlich sagte Bechmetew: «Was haben Sie für Pläne für den nächsten Winter, Fürstin?»

«Ich weiß noch nicht. Die Herausgabe der Bücher meines Mannes zieht sich in die Länge, das regt ihn auf, und er meint, das Übersenden der Korrekturen verzögere die Sache, deshalb sei es nötig, im Herbst wieder nach Moskau überzusiedeln. Er langweilt sich hier. Mir dagegen widerstrebt allein der bloße Gedanke an die Stadt. Und was haben Sie vor?»

«Wahrscheinlich werde ich wieder ins Ausland gehen. Es steht wirklich schlecht um meine Gesundheit. Ich muß in ein warmes Klima fahren.»

«Sie fahren also weg? Ganz oder zeitweilig?»

«Ich weiß es nicht, Fürstin. Es ist besser, wenn ich wegfahre, das wissen Sie selbst... Ich wage nicht, nach dem Glück zu suchen, und verliere meine Ruhe.»

«Haben Sie sich denn bemüht, nach dem Glück zu suchen?»

Bechmetew antwortete nicht gleich, plötzlich schlug er jedoch einen scherzhaften, lockeren Ton an: «Kennen Sie Ihre Nachbarin Jelena Michailowna? Sie hat sich große Mühe gegeben, mich zu zerstreuen. Eine lustige Dame!... Vorsicht, Fürstin, Sie geben nicht acht, wohin Ihr Pferd tritt, und es ist gestrauchelt.»

«Also, was ist mit Jelena Michailowna?» wollte Anna wissen.

«Bei ihr fanden gesellige Abende statt, da ging

es sehr lebhaft zu, und sie behandelte mich besonders liebenswürdig. Ich habe mit ihr eine sehr fröhliche Zeit verbracht...»

Anna erinnerte sich an diese umtriebige, hemmungslose Jelena Michailowna, der sie am Abend von Bechmetews erstem Besuch zusammen mit ihrem Mann begegnet war und die sie anfangs so eifersüchtig gemacht hatte. Das Haus dieser Jelena Michailowna war für die gesamte Nachbarschaft der Mittelpunkt leichtsinniger Ausgelassenheit, doch ehrenhafte Frauen verkehrten nicht mit ihr.

«Gefallen Ihnen solche Frauen wie Jelena Michailowna?»

«Ich bin ein großer Verehrer von ihr», erwiderte Bechmetew sarkastisch, «eine lustige und nette Gesprächspartnerin...»

«Was ist los mit ihm?» dachte Anna. «Er neckt mich.»

Doch er neckte sie nicht. Es kostete ihn große Mühe, nicht mit der verzweifeltsten, leidenschaftlichsten Liebeserklärung herauszuplatzen. Vor Erregung benahm es ihm den Atem, er war schwach, unglücklich, redete Gott weiß was für Dummheiten, zu denen ihn sein Selbsterhaltungstrieb veranlaßte, er hätte losweinen können, weil er sie betrübte, wußte jedoch, daß er es nicht wagen würde, ihr zu sagen, daß er nur sie allein auf der Welt liebte, daß er, zu zweit mit ihr in dieser stillen, wundervollen bewaldeten Natur, den Kopf verloren hatte vor Glück und Verzweiflung, weil er sich dies nicht zunutze machen konnte, sondern ihre Ruhe und ihr Glück mit einem anderen Mann behüten mußte.

Anna nahm die Unterhaltung mit Bechmetew nicht wieder auf. Sie trieb das Pferd mit einem kräftigen Peitschenhieb vorwärts und verschwand im Waldesdickicht. Der Weg führte zu dem Bach, an dem der Fürst sie finden sollte. Als Anna das Pferd in Trab setzte, hatte sie den Bach vergessen, und als sie ihn sah, war es schon zu spät, das Tier zu stoppen. Doch der kluge Rappe blieb von sich aus abrupt stehen, so daß Anna aus dem Sattel flog. Bechmetew, der sie eingeholt und alles beobachtet hatte, schrie auf.

Aber Anna war sofort wieder auf den Beinen und klopfte ihr Kleid ab. «Ich bin ganz leicht gestürzt», sagte sie, «und spüre gar keine Prellung.»

«So stürzt man nur auf der Bühne», bemerkte Bechmetew, aber seine Stimme bebte.

«Also, reiten wir weiter», sagte Anna und versuchte sich in den Sattel zu schwingen.

«So kommen Sie nicht hoch, ich helfe Ihnen, wenn Sie gestatten, Fürstin», sagte Bechmetew und hielt Anna seine Hand als Stütze hin.

Sachte nur berührte ihr kleiner Fuß Bechmetews Hand. Durch den dünnen Schuh spürte sie, wie heiß diese war, und plötzlich durchrieselte sie ein Schauer. Ihr wurde schwarz vor Augen, und im selben Moment sah sie ihre Tochter Manja vor sich. Vor ein paar Tagen, als Bechmetew am Abend mit ihr zusammengesessen und ihre Übersetzung korrigiert hatte, waren die Kinder gekommen, um gute Nacht zu sagen. Manja hatte Bechmetew mit zornigen Augen angesehen und sich strikt geweigert, ihm die Hand zu geben. Den Grund erklärte sie keinem und sagte nur: «Nein, ich will nicht.»

«Lieber Gott!» dachte Anna. «Meine liebe arme Manja! Du brauchst keine Angst um mich zu haben, ich liebe dich zu sehr.»

«Nein, so bitte nicht, nein!» schrie Anna auf. «So kann ich nicht, ich danke Ihnen. Da ist ein Baumstumpf, ich komme allein auf das Pferd hinauf.»

Bechmetew führte das Pferd zu dem Baumstumpf, und just in dem Moment kam der Fürst angeritten. Nachdem er den Besucher verabschiedet hatte, beeilte er sich, seine Frau und den

Freund einzuholen. Die ganze Zeit war er unruhig gewesen. Und als er sah, daß Anna nicht auf dem Pferd saß und dicht bei ihr Bechmetew stand, fuhr ihm ein schrecklicher Verdacht durch den Sinn; er erbleichte und brachte kein Wort heraus. Seine Lippen bebten, er preßte die Zügel zusammen. Seine erste Regung war, beiden einen Hieb mit der Peitsche zu versetzen. Doch dann gewann er die Fassung wieder und hörte sich ruhig an, was seine Frau über ihren Sturz berichtete. Er beschloß, zu Hause mit ihr ein klärendes Gespräch zu führen und dafür zu sorgen, daß Bechmetews Besuche aufhörten.

Als Anna nach Hause kam, warf sie sich unausgekleidet aufs Bett und brach in heftiges Weinen aus. «Ich bin eine Missetäterin, eine erbärmliche, nichtswürdige Frau! Ich liebe ihn und hasse mich dafür! Herr, hilf mir! Kinder, meine Lieben, verzeiht mir!»

Dann erhob sie sich, bekreuzigte sich, wie um ein Gespenst zu verscheuchen, und begann sich umzuziehen. Kaum daß sie ihr Reitkleid ausgezogen hatte, trat ihr Mann ins Zimmer. Er hatte sich seine Rede zurechtgelegt, wollte ihr eine Szene machen und hielt inne, frappiert von ihrer Schönheit. Das weich gefaltete Reitkleid lag um sie herum am Boden, während sie mit ihren kräftigen, wohlgeformten Armen flink ihre welligen, goldig schimmernden Haare eindrehte; Schultern und Hals, von den letzten Strahlen des rosafarbenen Sonnenuntergangs beschienen, glänzten ebenso schön wie ihre von den Tränen und der Erregung geröteten dunklen Augen.

Der Fürst trat dicht an seine Frau heran, sah ihr in die Augen, wobei er ihren ungewohnten Ausdruck bemerkte, und fragte: «Wie fühlst du dich?»

«Ganz gut», sagte sie.

«Tut es nirgends weh?» fragte er, ihren Rücken berührend.

«Nein, nein», sagte sie und entzog sich seiner Hand.

Doch der Fürst ließ nicht ab von ihr. Er ging zur Tür, verschloß sie, trat auf seine Frau zu, beugte sich herab und küßte ihren Busen. Anna zuckte zusammen und wankte zurück. Er zog sie in seine Arme und preßte leidenschaftlich seine Lippen auf ihre Schulter, ihre Lippen...

Sie leistete keinen Widerstand mehr. Mit geschlossenen Augen, ohne an ihren Mann zu denken, ohne sich über etwas Rechenschaft abzulegen, zitterte sie in seiner Umarmung. Der Fürst war freudig überrascht von dieser nachgiebigen Leidenschaftlichkeit seiner Frau. Sie gab sich ihm ganz hin, doch ihre geschlossenen Augen sahen nur Bechmetew, ihre Phantasie malte ihn in den Augenblicken seiner wortlosen Liebeserklärung, und daneben die erschrockenen, feindseligen Augen Manjas, die mit ihrer unschuldigen Seele die Gefahr erkannt hatte, in der sich ihre Mutter befand...

Tags darauf war der Fürst sehr fröhlich und unternehmungslustig. Seine Eifersucht hatte sich vorübergehend gelegt. Er dachte sich mancherlei Ausfahrten aus, schmiedete Pläne, scherzte und behandelte besonders liebevoll seinen Freund, der gekommen war, um sich nach den Folgen des Sturzes der Fürstin zu erkundigen.

IX

Zum erstenmal in ihrem Leben spürte Anna, daß sie mit sich selbst uneins war. Stets unbeirrbar, rechtschaffen und ruhig, war sie von sich selbst überzeugt gewesen und hatte nichts befürchtet. Doch jetzt verließen sie ihre Kräfte. Sie wußte, daß im August der bereits schwerkranke Bechmetew wegfahren würde; sie fühlte, daß das glückerfüllte Leben an ein Ende kam, und was war danach? Danach blieben das Haus, die Pflichten, der gleichgültige Egoismus ihres Mannes mit seinem groben Begehren und die fehlende Kraft, dieses Leben ohne das Licht der Liebe fortzusetzen, von dem sie in dieser Zeit so verwöhnt worden war.

«Und die Kinder? Empfinde ich denn nichts mehr für sie?» fragte sich Anna entsetzt. «Nein, das ist etwas anderes, das betrifft eine ganz andere Stelle meines Herzens. Aber wie bin ich doch erschöpft! Wie schrecklich erschöpft bin ich! Und mein Mann? Wo ist sie, meine Liebe zu ihm? Was ist nur geschehen? Warum kann ich nicht sowohl ihn lieben als auch diesen Menschen, der mich auf so uneigennützige, einfache und schöne Weise geliebt hat, ohne etwas zu verlangen?»

Ungeachtet all dieser rechtfertigenden Gedanken fühlte Anna zwangsläufig, daß geschehen war, was im Leben mit ihrem Mann und in der Liebe zu ihm und nicht zu einem fremden Menschen hätte geschehen sollen, was in jeder guten Ehe geschehen sollte.

Sie war einem Menschen seelisch nahegekommen, der es vermocht hatte, statt Gewalt anzuwenden, statt Forderungen zu stellen oder Ansprüche zu erheben, ihr Leben mit dem Licht der Liebe zu erhellen, und als ihr geistiges Leben

Erfüllung fand, war in ihr das Gefühl des Glücks auch durch die physische Nähe dieses Menschen erwacht. Warum war dieser Mensch nicht ihr Mann? Ein solches Ideal hatte ihr vorgeschwebt, als sie heiratete. Wie hatte sie in der ersten Zeit ihren Mann idealisiert, wie lange sich blind seinem Einfluß unterworfen und dabei nur dunkel gefühlt, ohne es sich einzugestehen, daß all das für sie nicht das Rechte war; daß ihr seine Gleichgültigkeit gegenüber ihrem Innenleben und ihren Kindern weh tat; wie erniedrigend es für sie war, daß sein Interesse allein ihrer blühenden Schönheit, ihrer Gesundheit und ihrem äußeren Erfolg galt, der ihn freute und zugleich jene triebhafte Eifersucht in ihm weckte, unter der sie so schrecklich leiden mußte. «Was soll nun werden? Wie stehe ich jetzt zu meinem Mann?» fragte sich Anna, da sie wie eine Ertrinkende nach dem Strohhalm griff, der sie retten sollte. Sie lief Gefahr zu ertrinken, ihr war völlig bewußt, daß sich der Strohhalm in ihren schwachen Händen bog und ihr die Rettung nicht bringen konnte.

Doch das Schicksal kam ihr zu Hilfe und betrog sie mit der Aussicht, ihre qualvolle seelische Verfassung zu überwinden.

Der Fürst, der in letzter Zeit von wirtschaftlichen Neuerungen stark in Anspruch genommen war, fuhr in die Stadt, um persönlich eine neue Dampfdreschmaschine zu übernehmen. Es war sehr feucht und kalt, und obwohl Anna ihn bat, mit der Kutsche zu fahren, machte er sich zu Pferde auf den Weg. Es wurde spät, die Dunkelheit brach herein, der Fürst aber kam und kam nicht. Anna begann sich bereits Sorgen zu machen, als ein Pferdefuhrwerk vor dem Haus hielt und der Fürst von ihm heruntergehoben wurde. Anna schrie auf vor Entsetzen und stürzte ihrem Mann entgegen, der bereits ins Haus getragen wurde. Er lächelte mit schmerzverzerrtem Gesicht und stöhnte, beeilte sich jedoch, ihr zu sagen: «Ich habe mir das Bein gebrochen, wie es aussieht, nicht so schlimm, hab keine Angst.»

«Das Bein nur, Gott sei Dank! Ich dachte an Schlimmeres. Jedenfalls muß schnellstens ein Arzt geholt werden.» Sie ordnete an, daß nach dem Arzt geschickt wurde, dann lief sie in das Zimmer des Fürsten, brachte ihn ins Bett und sorgte für eine möglichst bequeme Lage seines Beins. Rasch und behend füllte sie eine Gummiflasche mit Eis und legte sie ihm an das Bein, danach setzte sie sich an sein Bett. Er wälzte sich stöhnend hin und her und hatte fortwährend Wünsche. Niemand anders konnte es ihm recht machen. Anna übernahm seine alleinige Pflege mit Zärtlichkeit und Geduld. Sie war froh über diese schicksalhafte Gelegenheit, ihre Pflicht zu erfüllen.

«Komm zu mir», rief er in einem fort, «leg mir ein Kissen unter; ach, doch nicht so. Ich habe dich ganz zermürbt, mein Herz», sagte er und stöhnte wieder.

Gegen Morgen schlief der Fürst ein. Anna trat leise zu ihm heran und betrachtete forschend sein Gesicht. Die zerquälten schönen Züge übten eine merkwürdige Wirkung auf sie aus. Sie fühlte sich in jene ferne Vergangenheit zurückversetzt, als sie diesen Mann vertrauensvoll, blind und auf eine einfache Weise geliebt hatte, ohne ihn kritisch zu sehen.

«Wenn das wieder möglich wäre! Alles an ihm ist doch gut, er hat nur mich geliebt, ist mir nie untreu geworden; wer sich dumm verhält, das bin ich und nicht er, was will ich denn?» Sie beugte sich hinab und küßte ihn auf die Stirn.

«Ja, ich habe ihn allein geliebt, und er ist mir teurer als alle auf der Welt», überlegte Anna und verschloß eilig ihre Herzensgeheimnisse tief in ihrem Inneren, um nicht weiter daran zu rühren. Und sie legte sich ehrlich Rechenschaft ab über ihre Liebe zu dem Fürsten. Jene Stärke der Liebe – einer jungen, leidenschaftlichen, idealisierten Liebe, die sie ihrem Mann in den ersten Ehejahren geschenkt hatte – war nicht mehr in ihr. Wie ihr Mann diese Liebe erwidert hatte, stand auf einem anderen Blatt, doch hatte sie das nicht zerstören können; ihre Liebe erlebte in jeder günstigen Situation neuen Auftrieb und erlitt jedesmal einen Dämpfer, wenn sie nicht erwidert wurde.

Jetzt schlief der Fürst; weder hörte Anna jene Stimme, die sie so grob kränken konnte, noch sah sie jene Augen, die sie ungerecht – zornig oder wollüstig – betrachteten, sie sah allein den Mann, dem sie sich und ihre Liebe geschenkt hatte – und sie liebte ihn.

Im Leben jeder Frau gibt es die wahre Liebe nur ein Mal. Sie hütet und bewahrt sie bis zum rechten Moment. Doch hat sie sie erst verschenkt, hält sie sie in Ehren und verschließt die Augen vor den Unzulänglichkeiten dessen, an den sie sie verschenkt hat. Eine Wiederholung dieses Gefühls erwächst stets aus Altem, aus alten Idealen, und wenn es geschieht, daß eine verheiratete Frau einen anderen liebgewinnt, trägt fast immer der Mann die Schuld; er hat die empfindsamen Ansprüche der jungen, reinen weiblichen Natur, statt ihnen zu genügen, zerstört, indem er ihr nichts als die groben Seiten der Ehe bot. Schlimm, wenn es einem anderen gelingt, die vom Ehemann hinterlassene Leere auszufüllen, und er jene erste, idealisierte Liebe auf sich zieht.

Die ganze Nacht lang litt der Fürst schrecklich, und erst am Morgen erschien der Arzt. Er legte einen Verband an und verordnete völlige Ruhestellung des Beins.

Die Krankheit zog sich qualvoll hin. Der Fürst war ungeduldig, fordernd, unerträglich argwöhnisch. Seine Bewegungslosigkeit brachte ihn außer sich. Anna durfte sich kaum von der Stelle rühren. Nachbarn kamen nach ihm sehen. Auch wenn ihn das vorübergehend ablenkte, langweilte er sich entsetzlich und stellte seine Frau fortwährend zur Rede.

«Wo warst du?» wollte er wissen, wenn sie sein Zimmer für eine Weile verlassen hatte. «Was hast du gemacht?»

«Einen Spaziergang mit den Kindern», lautete Annas Antwort, oder: «Einen Brief geschrieben», oder: «Manja und Pawlik eine Unterrichtsstunde gegeben».

Alle diese Antworten überprüfte der Fürst durch Befragung der Kinder und des Gesindes; wie beiläufig brachte er das Gespräch darauf, was denn die Mama gerade mache oder ob sie nicht wüßten, wo die Fürstin sei. Er hätte nicht sagen können, wessen er seine Frau verdächtigte, es war krankhaft, geradezu ein Wahn.

Bechmetew kam nur einmal sich nach dem Befinden des Fürsten erkundigen. Er hatte selbst die ganze Zeit weitergekränkelt und stand unmittelbar vor der Abreise ins Ausland. Anna entschuldigte sich mit Müdigkeit dafür, daß sie ihn nicht begrüßte. Nach jenem Ausritt war sie die Gewissensbisse nicht losgeworden, als hätte sie einen Fehltritt begangen. Ihr Selbsterhaltungstrieb war so stark, daß sie sich mit aller seelischen Kraft dazu zwang, ihr minutenlanges Empfinden zu vergessen.

Die Erfüllung ihrer Pflichten als Frau und Mutter half ihr dabei. Außerdem sorgt die materielle Seite des Hausfrauenlebens für die zeitweilige Abkühlung aller möglichen Leidenschaften.

«Euer Durchlaucht, belieben Sie es sich anzusehen», bat die Wirtschafterin Anna aus dem Zimmer ihres Mannes, «der Tapezierer fragt, ob er die Möbel richtig bezogen hat.»

Anna ging in die Gesindestube, um sich die Möbel anzusehen, und schrie entsetzt auf. Sie waren mit dem teuren Stoff verkehrt herum bezogen, die grellfarbenen Querfäden auf der Rückseite des Stoffs sprangen ins Auge.

«Was haben Sie da bloss angerichtet? Ist denn das die Möglichkeit, alles verkehrt herum!» rief Anna.

Alles mußte abgerissen werden, der Stoff war verdorben und Anna für den ganzen Tag verstimmt.

Einige Tage später wurde Anna wieder herausgerufen. «Seien Sie so lieb, Mütterchen Euer Durchlaucht, es ist kein Auskommen mit dem Koch; er hat sich betrunken, dem Fürsten ist die Suppe zu reichen, aber er läßt niemand ran, schreit herum.»

Anna ging in die Küche, trat rasch auf den Koch zu und herrschte ihn in einem Ton an, der jeden Widerspruch ausschloß: «Hinaus, auf der Stelle!» Daraufhin übergab er die Suppe dem Buffetier und schoß wie der Blitz aus der Küche.

Als Anna in ihr Zimmer zurückkehrte, zitterte sie am ganzen Leib und hatte Tränen in den Augen. Die materielle Seite des Lebens war ihr verhaßt und jeder Ärger unerträglich.

X

Der August ging zu Ende. Schon war in den frischen Abenden, im ersten Gelb und Rot der Blätter, in der Wehmut der kahlen Felder und Wiesen und den kürzer gewordenen Tagen der Herbst zu spüren.

Der Fürst war wieder gesund, ging allerdings noch an Krücken und verlangte unter kapriziösen Klagen über seine langsame Genesung ständig nach dem Arzt. Deutlich abgemagert, hatte sich Anna inzwischen gefangen und war ohne Bedauern und ohne Schwanken, im frohen Bewußtsein ihrer Pflichterfüllung und mit verstärkter Energie in die festen Bahnen des Familienlebens zurückgekehrt.

Von Bechmetew hatte sie schon geraume Zeit nichts gehört, sein anhaltendes Fernbleiben irritierte sie und beunruhigte sie in tiefster Seele.

Einmal saß sie im Arbeitszimmer ihres Mannes und las ihm aus der Zeitung vor. Der Fürst lag auf dem Diwan und blickte in Erwartung des Arztes unruhig zum Fenster.

«Du hast bestimmt nicht nach dem Arzt geschickt?» fragte er.

«Schon lange. Aber wozu willst du ihn überhaupt sehen? Helfen kann er dir doch nicht; alles braucht seine Zeit. Seit wann setzt du solches Vertrauen in die Ärzte?»

«Der Verband drückt. Ich weiß, daß alle Ärzte Scharlatane sind, aber hier handelt es sich um eine mechanische Angelegenheit, das haben sie gelernt.»

«Gerade ist jemand vorgefahren.»

Tatsächlich hielt eine leichte Kutsche an der Vortreppe, doch war es ein Bote, der einen Brief von Warwara Alexejewna brachte.

Als Anna das Kuvert ausgehändigt bekam, versteinerte sie. Der Fürst ließ seine Frau nicht aus den Augen und wartete ab, was sie sagen würde. Um ihr Gesicht zu verbergen, tat Anna, als wende sie sich zum Licht, und kehrte ihm den Rücken zu. Sie überflog den Brief und sagte ruhig: «Eine Einladung von Warwara Alexejewna. Dmitri Alexejewitsch fährt weg, und heute findet dort ein Abschiedsabend statt, anscheinend ein Festmahl mit Gästen.»

«Zeig den Brief.»

Anna lächelte geringschätzig und reichte ihn dem Fürsten.

«Und, fährst du hin?»

«Nein, ich will dich nicht allein lassen. Ah, da ist ja der Arzt.»

Ein mittelgroßer Mann um die Dreißig trat

ein, rosig und gutaussehend, ein unverkennbar deutscher, fader Typ, gutmütig und gelassen.

«Der Verband macht Ihnen Kummer? Das bringen wir gleich in Ordnung», sagte er, nachdem er dem Fürstenpaar einen ziemlich familiären Gruß entboten hatte.

Er krempelte die Ärmel hoch, wusch sich die Hände und ging, von Anna umsichtig und geschickt unterstützt, an die Arbeit.

«Euer Durchlaucht», rief die Kinderfrau ihr leise zu, «könnten Sie bitte einen Moment kommen?»

Sobald der Fürst mit ihrer Hilfe ärztlich versorgt war, verließ Anna das Zimmer.

Die Kinderfrau hatte sie herausgerufen, um sie zu bitten, dem Arzt einen kleinen Jungen vorzustellen, dem ein Pferd das Gesicht lädiert hatte. Der vierjährige Knirps bot einen schrecklichen Anblick, Fleisch und Haut waren zerfetzt und alles mit dunklen Flecken von verkrustetem oder noch sickerndem Blut bedeckt. Hilfe für ihren Sohn erhoffend, blickte die verschreckte bleiche Mutter mit flehenden Augen. Bald schluchzte sie auf, bald erzählte sie hastig irgendwelche Träume: «Ich habe von einem roten Hahn geträumt, das ist es! Dann sehe ich noch einen alten Mann in ein Haus gehen, heilige Muttergottes, und er winkt mich zu sich, und stickig ist es, zum Übelwerden, ooooch!»

«Holen Sie rasch Alexander Karlowitsch her», sagte Anna zur Kinderfrau und lief los, um in ihrer Hausapotheke alles Nötige zum Vernähen der Wunde zusammenzusuchen.

Das Kind wurde gesäubert und mit allerlei Süßigkeiten getröstet, dann setzte Anna es sich auf den Schoß, und der Arzt begann behutsam, die Haut zusammenzuziehen und zu vernähen. Der Kleine bewies eine bewundernswerte Geduld; die Sache machte Fortschritte und näherte sich dem Abschluß. Der Fürst, dem es zu lange dauerte, bis seine Frau zurückkam, nahm seine Krücke und ging nachsehen, was sie denn mache. Als er die Tür heftig aufstieß, fuhr Anna zusammen und drehte sich erschrocken nach ihrem Mann um.

«Ach, Fürstin, halten Sie um Himmels willen den Kopf fest», sagte der Arzt ärgerlich, «fast hätten Sie die Naht aufgerissen.» Und er griff nach Annas Hand, um ihr zu zeigen, wie sie den Kopf des Kleinen halten sollte.

Das Gesicht des Fürsten verfärbte sich. «Überlaß den Jungen seiner Mutter, und komm bitte in mein Zimmer, ich brauche dich», sagte er schroff, herrisch und wütend.

«Aber wir müssen doch mit diesem unglücklichen Kind fertig werden», wandte Anna zaghaft ein.

«Ich bitte dich... *Vous m'entendez!*[30]» kreischte der Fürst plötzlich und stieß die Krücke auf.

Anna gehorchte nicht und hielt den Jungen, während der Arzt sein Werk eifrig und gewissenhaft fortsetzte, wobei er andauernd, wenn er die Kopfhaltung des Jungen korrigierte, versehentlich Annas Hände, ja sogar ihren Busen berührte, an den der Kleine gelehnt saß. Der Arzt, ganz seiner Sache hingegeben, nahm von alldem nichts wahr, nicht einmal die Worte des Fürsten drangen in sein Bewußtsein.

Plötzlich trat der Fürst dicht heran, packte den kranken Kleinen – seine Krücke fiel krachend zu Boden –, warf ihn der Bäuerin in die Arme, zog Anna hoch und zerrte sie aus dem Zimmer. Der Arzt blickte den Hinausgegangenen verwundert nach, murmelte «Tollkopf!», bat die Kinderfrau, ihm zu helfen, und wandte sich wieder seinem Werk zu.

Unterdessen schleuderte der Fürst Anna, deren Hand er immer noch festhielt, auf den Diwan, stürzte mit einer ungeschickten Bewegung den Sessel um, schlug die Tür zu und begann in seinem Arbeitszimmer auf und ab zu laufen, wobei er die Krücke aufstieß und wutschäumend auf sie einredete: «Wenn ich dich bitte... Du erniedrigst mich mit deinem Verhalten diesem deutschen Jüngelchen gegenüber! Diese Nähe... Das alles machst du absichtlich!» schrie er in rasendem Zorn.

Doch diesmal erzürnte auch Anna. «Du hast völlig den Verstand verloren! Besinne dich, was du redest! Wie kann man auf solche Gedanken kommen, wenn ein Kind leidet!»

«Schweig! Deine Rechtfertigungen sind noch schlimmer als dein schändliches Benehmen! Geh lieber. Geh! Geh!» schrie der Fürst, stieß Anna zur Tür und warf sich auf den Diwan.

Anna wankte hinaus. In ihrem Wohnzimmer griff sie sich an die Brust und flüsterte: «Es hat doch alles seine Grenzen! Mein Gott!»

Sie weinte nicht. Ihre erstarrten Augen blickten fassungslos und hart. Im Schlafzimmer setzte sie sich in den Sessel vor dem Spiegel und sah sich unwillkürlich an. Ihre Entrüstung stand ihr vorzüglich: Das regelmäßige blasse Gesicht atmete Energie und Reinheit, und die Augen wirkten durch ihren bitteren Ausdruck noch dunkler und tiefer.

Den Rest des Tages bekam Anna ihren Mann nicht mehr zu Gesicht. Da er auch zum Mittagessen sein Arbeitszimmer nicht verließ, blieb sie allein mit den Kindern und den Hausgenossen. Die Kinder sprachen von dem Drachen, den sie am Nachmittag steigen lassen wollten, während Anna plötzlich beschloß, zu Warwara Alexejewna zu fahren.

«Lassen Sie den Vierspänner vorfahren», sagte sie laut, damit ihr Mann es hörte. «Und Dunjascha soll das weiße Wollkleid für mich bereitlegen.»

«Mama, wo fährst du hin? Fahr nicht!» bestürmten sie die Kinder.

«Wo fährst du hin?» wollte Pawlik wissen. «Bring Dmitri Alexejewitsch mit, er war schon lange nicht hier.»

Anna war das ganze Mittagessen über traurig gestimmt und antwortete nur knapp.

Nach dem Essen ging sie, ohne zu ihrem Mann hineinzusehen, ins Schlafzimmer, zog sich um und fuhr los.

Ihr Herz stockte vor Aufregung, Bechmetew wiederzusehen; diese Aufregung irritierte sie, doch der Wunsch, den Mann zu treffen, dessen Nähe auf so liebevolle Weise ihr Leben gestreift hatte und dermaßen dem widersprach, wie der Fürst sie behandelte, war nach der vorgefallenen rüden Szene so stark geworden, daß sie sich entschlossen hatte, koste es, was es wolle, zu Warwara Alexejewna zu fahren und Bechmetew zu sehen – wahrscheinlich zum letztenmal.

XI

Als Anna das niedrige, aber recht geräumige Gästezimmer im Hause Warwara Alexejewnas betrat, war dort eine schon ziemlich große Gesellschaft versammelt. Nachbarn hatten sich eingefunden, alte Freunde und Verwandte, zwei, drei Fräulein, die mit einem jungen Mann am Klavier zusammenstanden, auch die umtriebige Jelena Michailowna war mit von der Partie, die so viel Leid in Annas Leben gebracht hatte. Bechmetew, deutlich abgemagert, hohlwangig und wehmütig gestimmt, saß allein da und trat, ohne sich zu verstellen und seine Freude zu verbergen, auf Anna zu. «Sie haben abgesagt und sind doch gekommen, was für eine freudige Überraschung. Es war für mich auch einfach unvorstellbar, abzureisen, ohne Sie noch einmal gesehen zu haben.»

«Warum sind Sie denn nicht zu uns gekommen?» fragte Anna, während sie ihm die Hand reichte und er sie küßte.

«Ja, natürlich, morgen wäre ich ganz bestimmt bei Ihnen vorbeigekommen, was ich auch tun werde, um mich von meinem kranken Freund zu verabschieden. Aber Sie sehen ja, wie schwach ich bin, ich weiß gar nicht, wie ich es bis Thera[31] schaffen soll», fügte er sanftmütig lächelnd hinzu.

Anna seufzte tief und ging ins Wohnzimmer zu Warwara Alexejewna. Bechmetew folgte ihr.

Warwara Alexejewna begrüßte Anna hastig, dankte ihr für ihr Kommen und kümmerte sich weiter um das Picknick, das für den Abend vorbereitet wurde und wofür sie ihre Anordnungen traf. «Bestehst du darauf, daß wir zum Teetrinken an den See fahren, Dmitri?» fragte sie ihren Bruder. «Es ist wirklich etwas feucht für dich.»

«Nein, jetzt mehr denn je. Ich möchte der Fürstin die herrlichen Flecken zeigen, die ich wahrscheinlich nie mehr sehen werde.» Er lächelte wieder.

«Als ob ihm der unvermeidliche nahe Tod Freude bereitete», dachte Anna.

Sie setzten sich an das Fenster des Wohnzimmers, und Bechmetew sagte, auf seine Brust weisend, leise und ernst: «Hier ist etwas ganz und gar aus den Fugen geraten, Fürstin, schlecht geht es mir.»

«Sie werden sich im Ausland wieder erholen.»

«Wozu? Besser schnell dorthin, in die Ewigkeit! Hier ist es zu eng für mich geworden.»

Anna hatte den Eindruck, daß Bechmetew bei diesen Worten nicht mehr sie sah, sondern daß seine Augen irgendwohin ins Grenzenlose gerichtet waren, und sie selbst zog es auf einmal auch dorthin.

Kutsche auf Kutsche fuhr vor. Warwara Alexejewna teilte ein, wer mit wem einsteigen sollte; für sich selbst hatte sie einen Platz zusammen mit ihrem Bruder vorgesehen, um ihn vor der Feuchtigkeit beschützen zu können.

Doch Bechmetew trat zu seiner Schwester und sagte leise, aber fest: «Warenka, ich bitte die Fürstin, mir die Ehre zu erweisen und mit mir zu fahren.»

Anna wollte widersprechen, doch Bechmetew sah sie so beschwörend und entschieden an, daß ihr die Worte auf den Lippen erstarben. Mit ritterlicher Geste reichte er ihr den Arm, ließ sie Platz nehmen und setzte sich neben sie, in seinen Mantel gehüllt und um die Beine eine Decke gewickelt.

Alle Kutschen setzten sich in Bewegung.

«Nach rechts», ordnete Bechmetew plötzlich an, und sie bogen in einen alten Kiefernwald ein, durch den ein schmaler schattiger Weg führte. «Wir machen einen Umweg – hier ist es so schön!» sagte er.

Als sie allein waren, fühlte Anna Gewissensbisse ob dieser Zweisamkeit. Die Nähe Bechmetews erregte sie auf schmerzliche Weise; der Anblick seines Vergehens machte sie so verzweifelt, daß sie minutenlang fürchtete, die Beherrschung zu verlieren und loszuschluchzen, loszuschreien – etwas Unkontrolliertes zu tun. Sie schloß die Augen oder sah schweigend zur Seite, die Hände an Brust und Herz gedrückt, als wollte sie das Leben in sich zum Stillstand bringen.

Kann der Tod – diese zerstörerische alltägliche Erscheinung des Lebens – erhaben, schön und bedeutsam sein? Dieser Tag, der 22. August, war für Anna ein Tag des feierlich-schönen und stummen Dahinsterbens – um sie herum und in ihr. Die kalte, durchsichtige Luft gemahnte an die Nähe des Herbstes – des Vergehens der Natur. Und ihr wehmütig gestimmter ausgezehrter Begleiter gemahnte an die Nähe des Todes. Das leidgeprüfte Herz hatte seine Lebensenergie eingebüßt. Tod, Tod allenthalben und hier ganz nahe – das war schrecklich, und Anna packte die Angst, daß er sich jeden Moment auch ihrer bemächtigen könnte.

Sie fuhren tiefer in den alten Kiefernwald hinein. Die hundertjährigen Bäume, reglos und dunkel, ließen kaum die grellroten Strahlen der untergehenden Sonne durch, die die kleinen Lichtungen, die sie hin und wieder überquerten, in besonders leuchtende Helligkeit tauchten.

«Das ist für immer unsere *letzte* gemeinsame Ausfahrt», dachte Anna mit einem Blick zu Bechmetew.

Er spürte ihn und sagte: «Es ist doch schön hier?»

«Ja, wundervoll, aber wozu unternehmen Sie diese Fahrt? Es ist so feuchtkalt heute.»

«Macht nichts, fahren wir weiter, immer weiter. Ach, wie schön! Noch nie ist es so schön gewesen. Schauen Sie sich diesen Wald an diesem See an, *niemals* mehr werden wir hier sein, sehen Sie genau hin, ich liebe diese Gegend über alles: Wald und Seen, was kann schöner sein?»

«Ja, bald wirst du niemals mehr *irgendwo* sein können!» sagte Anna in Gedanken und faßte unwillkürlich nach Bechmetews Hand.

«Ist Ihnen kalt? Was für kalte Hände Sie haben!»

«Kann es wirklich sein, daß er stirbt?» dachte sie. «Und so werden wir einander nie ein Wort sagen; und so, einander liebend in reiner, uneigennütziger Liebe, müssen wir beide, er sterbend und ich – leider! – am Leben bleibend, unser Glück opfern, jenes kleine Glück, einander sagen zu können, wieviel wir uns in diesen Jahren bedeutet haben; wie wir uns gegenseitig unser Ungemach erträglicher, ja vergessen machten in der reinen Atmosphäre der Liebe, in der jede Minute von unserer geistigen Kommunikation erfüllt war.»

Wog die bedenkliche Kälte, das egoistische und sinnliche Verhalten, das sie die ganze Zeit bei ihrem gesitteten, gutaussehenden Mann erlebte, dieses Opfer auf? «Aber kann ich denn für *irgend jemanden* meine Reinheit bewahren?» überlegte Anna weiter. «Nein, für niemanden auf der Welt, das ist eine Lüge... Ich habe sie bewahrt, weil ich sie *liebte*; sie ist für mich von höchstem Wert, und wenn mir dieser Mann so viel bedeutet, dann allein deshalb, weil er von gleicher Art ist.»

Als erwidere er ihren Gedanken, äußerte Bechmetew plötzlich: «Diese Ausfahrt, Fürstin, ist unser endgültiges Abschiednehmen. Morgen reise ich ab, und wir werden uns aller Wahrscheinlichkeit nie mehr wiedersehen.» Er schwieg eine Weile.

«Ich möchte Ihnen sagen» – wieder stockte

er –, «daß in meinem Leben das Freudvollste mein Zusammensein... nein, ich muß die Wahrheit sagen... meine Bekanntschaft mit Ihnen war.»

Anna wollte etwas entgegnen, vermochte es jedoch nicht. Die Kehle war ihr wie zugeschnürt.

Bechmetew fuhr fort: «Nie zuvor bin ich einer Frau begegnet mit einer solchen Aureole der Reinheit, Klarheit und Liebe zu allem Erhabenen, wie sie Sie umgibt. Was immer sein mag, Fürstin, Gott gebe Ihnen eines: das zu bleiben, was Sie sind.»

Die Kutsche rollte weich gefedert den Waldweg entlang, es dunkelte, und Bechmetew blickte so ruhig und glücklich wie vor einem Jahr, als sie einmal zusammen aus der Stadt zurückgekehrt waren mit einer Kutsche voller Kinder, die sie zum Fotografieren hingebracht hatten, und beide wußten, daß es möglich ist, glücklich zu sein und zu lieben, aber so, wie man den klaren Himmel lieben und sich an ihm und an der herrlichen sommerlichen Natur erfreuen kann, an dem Glück zusammenzusein. Doch das zu äußern ist unmöglich, ebenso wie es unmöglich ist, etwas zu tun, was auch nur den geringsten Anlaß zu Schuldbewußtsein gegenüber ihren unschuldigen geliebten Kindern gäbe. Selbst die

Freude über diese Liebe sich einzugestehen ist unmöglich, eine reine, keusche, nie ausgesprochene Liebe, die jetzt, an diesem herrlichen Augustabend, mit ihm dahingeht, zusammen mit diesem idealen Verhältnis zu einem Mann, der in ihrer Seele all das erweckt hat, was in höchstem Maße erhaben und schön ist.

«Wenn ich dann nach Hause komme, wird mich mein Mann argwöhnisch ansehen, mich der übelsten Verfehlungen verdächtigen und dabei meine entblößten Schultern und Arme küssen. Und den ganzen Tag werden wir uns wie zwei Verbrecher, die nachts Missetaten begehen, anschweigen, er mit seiner hochmütigen Verachtung und Gleichgültigkeit gegenüber meinem Leben und ich mit meiner Angst vor seinen Verdächtigungen, inmitten der einsamen Welt der Kinder, der Sorgen und des Kampfes mit der verlöschenden Liebe zu ihm und der entbrennenden zu einem anderen...»

Sie fuhren immer weiter. Bechmetew hüllte sich fester in seinen Mantel und hustete; die unangenehm feuchte abendliche Kühle machte frösteln. Diese Fahrt durch eine ihr unbekannte Gegend schien sie gemeinsam einer ungewissen Ewigkeit entgegenzuführen, dorthin, wo es keine Trennung mehr gab.

Die Sonne versank hinter dem Horizont. «Auch sie ist dahingegangen!» dachte Anna. Ihre letzten Strahlen tauchten plötzlich die Baumwipfel des Gartens, dem sich ihre Kutsche näherte, in grelles Licht.

«Bald wird auch die ganze Natur dahingehen», dachte Anna wieder. «Und er? Nein, das ist unmöglich! Was soll dann den Inhalt meines Lebens bilden? Wo soll ich dann das reine Glück hernehmen, aus dem ich Kraft schöpfe, das mich besser, klüger, gütiger macht... Nein, das ist unmöglich!» Fast hätte sie es herausgeschrien.

«Wir sind da», sagte Bechmetew leise, nahm wortlos Annas Hand, küßte sie lange und liebevoll und brachte noch leiser hervor: «Leben Sie wohl, liebe Fürstin.»

Sie beugte sich hinab und küßte ihn auf die Stirn. Der Krampf, der sie die ganze Zeit gewürgt hatte, löste sich in einem leisen, schmerzlichen Stöhnen. Tränen traten ihr in die Augen, etwas erstarrte – für immer. Noch eine, *diese* Seite des Lebens war ihr entzogen auf ewig. *Damit* war es vorbei.

Gleichwohl mußte das Leben weitergehen, und zwar auf gute Weise...

Die lärmende Gesellschaft war bereits in einer großen, runden, verschiedenfarbig illuminierten hübschen Laube versammelt. Man machte sich mit dem Essen, dem Tee, dem Obst zu schaffen, baute Sitze aus Brettern, hängte die letzten Laternen im Garten auf, entfachte ein Feuer und war mit all den närrischen, aber unverzichtbaren Attributen eines Picknicks befaßt.

Bechmetew wollte es nicht riskieren, bis spät zu bleiben, und fuhr, nachdem er sich von der Gesellschaft verabschiedet hatte, allein nach Hause, während Anna bis zum Schluß bleiben sollte. Als der Abend zu Ende ging und sie allein in einer Kutsche saß, im stählern-kalten Mondlicht der Augustnacht, wurde ihr ihre seelische Einsamkeit vollends klar, und plötzlich brach es aus ihr heraus. Sie begann qualvoll und lange zu weinen, als betrauere sie ein fremdes dahingegangenes Leben wie ihr eigenes, das sie verlassen hatte. Mit diesen Tränen aus wilder Verzweiflung fiel das Leid mehr und mehr von ihr ab. Als sie sich ihrem Haus näherte, gewann sie die Beherrschung wieder, und Lebensmut und -energie kehrten allmählich zu ihr zurück.

Der beim Abschied und der Trennung von Bechmetew in ihrem Herzen erstarrte Schmerz rückte plötzlich weit weg, als hätte sie ihn, nachdem sie sich ausgeweint hatte, für immer bezwungen, zudem widersprach langes Klagen ihrer energischen Natur. Jener Schmerz der Trennung von einem fremden Menschen erschien ihr als Vergehen an ihren Kindern und ihrem Mann. Es bereitete ihr jetzt Gewissensbisse, weggefahren zu sein und ihren ungehaltenen und noch kranken Mann allein gelassen zu haben. Sie mußte daran denken, wie die Kinder sie gebeten hatten, nicht zu fahren – und sie fühlte sich umfangen von der Welt ihres Familienlebens. Besonders lebendig trat Anna der kleine Juscha mit seinem zarten, klugen Gesicht vor Augen, dazu die lebhafte Manja mit ihren rasch gefällten entschiedenen Urteilen. Der Unterricht, den sie ihnen erteilte, fiel ihr ein und ihre Gedanken über die Wichtigkeit der Erziehung dieser künftigen Generation. Als sie das Haus erreichte, hatte sie ihre geistige Stärke wiedergewonnen, sie betrat es im vollen Bewußtsein ihrer Pflicht und wie erneuert.

Sie zog ihren Sommermantel aus, ging zunächst in die Kinderzimmer und dann leise zur Tür des Arbeitszimmers ihres Mannes, der noch nicht schlief.

XII

Sobald für den Fürsten feststand, daß Anna weggefahren war, ohne bei ihm vorbeizusehen, war er in schreckliche Erregung geraten, und die wildesten Gedanken kamen ihm in den Sinn. «Womöglich ist sie ganz und gar weggefahren und kommt nie mehr wieder», dachte er.

Er erschauerte vor seelischem Schmerz bei der Erinnerung, wie er seine Frau weggestoßen hatte. Niemals zuvor war ihm das passiert. «Ach, ach!» stöhnte er; aber plötzlich fiel ihm ein, wie dieser fette Kerl von deutschem Arzt – mit eigenen Augen hatte er es gesehen –, als er die Wunde auf der Stirn des kleinen Jungen vernähte, mit seinen weißen Händen Annas Busen gestreift hatte. «Ihren Busen! Und bestimmt mit Absicht! Und was hat sie in diesem Moment empfunden?!»

Der Fürst sah ihn deutlich vor sich, diesen vollen Busen, der ihn so viele Male alles auf der Welt hatte vergessen lassen und ihn zum Sklaven dieser Frau machte!

Im Grunde seines Herzens war ihm bewußt, daß er vielleicht doch nicht recht hatte, daß Annas aufrichtiger Blick, daß diese trotz ihrer dreißig Jahre beinahe kindlichen Augen nicht lügen konnten, doch die Qualen der Eifersucht peinigten ihn immer mehr. «Und warum ist sie jetzt weggefahren?» überlegte er. «Dort ist Bechmetew... Wer weiß, wenn nicht der Arzt, so umarmt sie möglicherweise mein sogenannter Freund in diesem Augenblick irgendwo im Wald? Ich kenne sie nicht, sie ist für mich geheimnisvoller und unverständlicher als sonstjemand. Etwas ist in ihr, was sie verschweigt und was sich mir ständig entzieht.»

Der Fürst versuchte zu lesen, ging zu den Kindern, sah auf die Uhr und fand nirgends Ruhe.

Die Kinderfrau brachte ihm die beiden Jüngsten – Anja und den kleinen Juscha – zum Gutenachtsagen. Er sah seine Tochter an wie eine Fremde und ergriff ihre Händchen, um sie zu betrachten. «Wer weiß, vielleicht ist dieses Mädchen gar nicht *meine* Tochter!... Och!... Ja, es heißt, sie hätte meine Hand, meine Art, die Gabel anzufassen, sich die Hände abzutrocknen... Das stimmt alles.»

Er blickte sein Söhnchen an, zog den Kleinen an sich und küßte ihn. An dieser Kopie seiner selbst jedenfalls konnte es für ihn keinen Zweifel geben.

Etwas später kamen Manja und Pawlik ebenfalls gute Nacht sagen. Er schnitt für sie Papiermännlein aus und brachte ihnen bei, wie man sie anblies, damit sie miteinander kämpften. Die Kinder lachten, doch ihr Gelächter reizte ihn bloß.

«Nun geht, geht schlafen. Ist Juscha eingeschlafen?»

«Schon lange. Er hat geweint, nach Mama verlangt, damit sie mit ihm betet.»

«Na, nun geht», sagte der Fürst zunehmend gereizt.

«Hat nach ihr verlangt, damit sie mit ihm betet, und sie kokettiert inzwischen in ihrem weißen Festkleid mit diesem wandelnden Gerippe», ging es ihm durch den Kopf.

Er legte sich auf den Diwan, zündete sich eine Zigarre an und begann über sein Verhältnis zu seiner Frau nachzudenken: «Wie geduldig und gut sie mich gepflegt hat! Bestimmt aus schlechtem Gewissen. Und wenn sie sich nun wirklich schuldig gemacht hat?» Mit schrecklicher Klarheit und überzeugt von der Schuld seiner Frau, stellte er sich ihre ehebrecherische Liebe zu Bechmetew vor.

Er sprang auf, öffnete das Fenster, blickte zu dem runden, hellen, ihm dreist erscheinenden Mond empor und lauschte auf die Laute der Nacht. Pferdegetrappel und das Geräusch einer fahrenden Kutsche wurden hörbar. Immer näher kam sie.

«Das ist sie», dachte der Fürst. Doch es war der Arzt, der vom Picknick nach Hause zurückkehrte und, da er den Fürsten am Fenster sah, sein Pferd anhielt.

«Sie schlafen noch nicht, Fürst? Das ist nicht gut für einen Kranken.»

«Kommen Sie doch einen Moment herein, erzählen Sie mir von dem Ball bei Warwara Alexejewna.»

«Entschuldigen Sie, Fürst, ich kann nicht. Morgen früh steht mir im Dorf eine Operation bevor, dazu muß ich frisch sein und zeitig aufstehen.»

«Ist die Fürstin auf dem Heimweg? Haben Sie sie gesehen?»

«Ja, gewiß! Nun, ich habe sie nicht beneidet. Sie wurde in eine Kutsche mit diesem schwindsüchtigen Bechmetew gesetzt, er hat sie irgendwohin gefahren, um ihr malerische Flecken zu zeigen; er läßt sich nichts sagen, dabei ist es kalt und feucht. Malerisch – bei seinem Zustand! Der Mann ist völlig am Ende. Drei Monate bleiben ihm vielleicht noch.»

«Nun, leben Sie wohl, Doktor, es ist kalt; ich danke Ihnen», sagte der Fürst plötzlich in gereiztem Ton und klappte das Fenster zu. Sein

Gesicht nahm einen fürchterlichen Ausdruck an. Jetzt gab es keinen Zweifel mehr, Anna war verliebt, wahrscheinlich hatte sie ein Verhältnis mit diesem Bechmetew! Der Fürst rang nach Luft. Er stand am Schreibtisch und schob mit nervösen Bewegungen Gegenstände hin und her, legte Bücher und Papiere von einer Stelle auf die andere und lauschte auf zu ihm dringende Laute.

Bald näherte sich auf weichen Gummireifen Annas Kutsche und hielt am Eingang. Der Fürst hörte, wie seine Frau eintrat, wie sie ablegte, zu den Kindern ging und sich dann mit leichten, fast lautlosen raschen Schritten seinem Arbeitszimmer zuwandte. Er stand die ganze Zeit reglos.

«Du schläfst noch nicht?» fragte Anna leise an der Tür.

«Gemeine Betrügerin! Verstellt sich noch!» dachte der Fürst und griff nach dem schweren weißen marmornen Briefbeschwerer auf dem Schreibtisch.

Anna öffnete die Tür und trat auf ihren Mann zu. «Was ist mit dir? Geht es dir schlechter?»

«Mir geht es nicht nur schlechter, entweder wird mir das Herz zerspringen, oder der Schlag trifft mich. Ich ertrage dein Verhalten nicht länger.»

«Mein Verhalten? Aber was habe ich denn getan?»

«Wage bloß zu behaupten, daß du nicht in Bechmetew verliebt bist?»

Anna errötete und sagte: «Ich liebe Dmitri Alexejewitsch sehr, und...»

Sie verstummte.

«Vielleicht willst du noch behaupten, du seist nicht mit ihm den ganzen Abend vor aller Augen und wer weiß wo in der Kutsche herumgefahren!»

«Er reist morgen ab, und es tut mir sehr leid...»

«Und du liebst ihn und bist schon lange seine Geliebte!»

«Schweig um Himmels willen!»

«Und ich bringe dich um, du gemeines, liederliches Frauenzimmer... Ich dulde das schon zu lange, ich werde nicht erlauben... Meine Ehre, die Ehre meiner Familie...» Der Fürst erstickte fast vor Wut und Erregung.

«Deine Ehre! Ach, deiner Ehre wegen kannst du unbesorgt sein», verteidigte sich Anna. «Aber beruhige dich um Himmels willen, das schadet dir...»

Sie trat dicht an ihren Mann heran und faßte nach seiner Hand, doch ihre Berührung ließ ihn endgültig explodieren. Er packte den Briefbeschwerer, riß ihn hoch und schrie: «Geh! Oder ich bringe dich um!»

«Aber wofür? Kennst du mich denn immer noch nicht? Beruhige dich doch! Hätte denn überhaupt etwas sein können?»

«Du lügst... Schweig! Ich garantiere für nichts, geh!» Er zitterte am ganzen Körper, bald ließ er den Briefbeschwerer sinken, bald hob er ihn hoch.

Anna versuchte noch einmal, die Hand des Fürsten zu ergreifen, doch er wandte sich blitzschnell ab und stieß sie weg. Als sie hinter den großen Schreibtisch lief, holte er aus. Der Briefbeschwerer flog über den Tisch, traf Anna mit voller Wucht an der Schläfe und krachte dann zu Boden.

Wie ein angeschossener Vogel mit herabsinkenden weißen Flügeln knickte Anna zusammen und fiel in die weichen Falten ihres Kleides. Ein kurzes dumpfes Stöhnen, dann verlor sie das Bewußtsein.

Der Fürst stürzte zu ihr hin. Aus der blau verfärbten Schläfe rann ein dünner Blutfaden, der in roten Tröpfchen auf ihr weißes Kleid fiel. Annas Gesicht war totenbleich, die Lippen standen offen, die Augen hatten sich verdreht, die Arme ungelenk verbogen.

«Anna! Anna!» schrie der Fürst und versuchte sie hochzuheben. Doch die Krücke und das kranke Bein behinderten jede Bewegung.

Er öffnete die Tür und rief nach Hilfe. Die Kinderfrau und der Lakai waren als erste zur Stelle.

«Die Fürstin ist unwohl, schnell einen Arzt!»

Die Kinderfrau lief zu Anna und schrie auf: «Oh, sie hat sich verletzt, mein Mütterchen! Gott im Himmel!»

«Sie hat sich nicht verletzt, ich habe sie umgebracht», sagte der Fürst.

Die Kinderfrau sah ihn erschrocken an, bekreuzigte sich und murmelte: «Völlig den Verstand verloren hat er, unser Väterchen, er weiß selbst nicht, was er redet.»

Sie brachte Wasser aus dem Toilettenzimmer des Fürsten, um Annas Schläfe zu befeuchten und ihr Gesicht zu bespritzen. Sie versuchte sie anzuheben, doch vergeblich. Daraufhin holte sie Hilfe, und zu zweit schafften sie es, die Verletzte zum Diwan zu tragen. Die Kinderfrau bat um Eis.

Bald eilten auch die Kammerfrauen, die Wirtschafterin und die Engländerin herbei – alle in seltsamen Nachtgewändern. Durch den Lärm aufgewacht, kam – barfüßig, in ihrem Nachthemdchen – auch die erschrockene Manja angelaufen, blieb in einiger Entfernung stehen und schrie: «Njanja, hat Mama sich was getan? Wird sie sterben? Njanja, liebste, wo ist Papa? Kommt der Doktor? Ein Loch in der Schläfe, es blutet!... Ei! Ei!» Das arme Mädchen zitterte am ganzen Körper.

«Geh, leg dich hin, Manitschka, gleicht kommt der Doktor, alles geht vorbei. Mama ist hingefallen und hat sich verletzt, nicht so schlimm», tröstete sie die Kinderfrau, doch Manja sah ihrem Gesicht an, daß das nicht stimmte. Die Kinderfrau legte Eis an die Schläfe ihrer Herrin und betrachtete mit hoffnungslosem Blick deren regloses, bleiches Gesicht.

«Ich gehe nicht, Njanja, ich habe Angst. Ich bleibe hier sitzen», sagte das Mädchen und hockte sich mit untergeschlagenen Beinen in den Sessel. Dabei sah es, weiter heftig zitternd und mit den Zähnen klappernd, unverwandt seine Mutter und die Kinderfrau an.

Der Fürst war die ganze Zeit nicht im Raum. Er saß im Wohnzimmer und wartete auf den Arzt.

«Das ist eine Ohnmacht», tröstete er sich. «Sicherlich wird sie gleich zu sich kommen. Jetzt sind dort Stimmen zu hören... So weit hat sie mich gebracht mit ihrem Benehmen!» versuchte er sich zu rechtfertigen. «Ich kann doch nicht meine Ehre aufs Spiel setzen – ja die Ehre meines Geschlechts! Bei uns hat es nie sittenlose Frauen gegeben! Ich als Mann habe mich stets untadelig verhalten... Eine Schande für die Kinder, eine verderbte Frau zur Mutter zu haben! Und die Möglichkeit, daß ein Kind nicht von mir ist?...»

Es schüttelte den Fürsten, das Entsetzen verzerrte sein Gesicht; er wollte aufstehen, fiel jedoch mit kraftlos geballten Fäusten in den Sessel zurück. «Na wunderbar, so mußte es kommen...», entschied er.

Auf dem Tisch stand eine Schale mit Pflaumen. Er nahm sich eine. Die alte englische Uhr mit ihrem feinen Klang schlug gemessen zwei Uhr. Im Dorf krähten die Hähne. Er blickte zum Fenster. Helle Sterne leuchteten hoch am Himmel, der Mond war untergegangen, es war kalt, und ihn befiel Schläfrigkeit.

«Was war das bloß?» besann er sich plötzlich. «Sollte sie noch immer nicht zu sich gekommen sein?»

Der Fürst stürzte zum Arbeitszimmer, als gerade der Arzt hereinkam. Der begab sich mit raschen Schritten zu Anna, entfernte den Eisbeutel, hörte sie ab, fühlte den Puls, und sein Gesicht wurde immer düsterer. «Was ist passiert?» wollte er wissen.

«Dieser Briefbeschwerer hier ist nach ihr geworfen worden», sagte der Fürst und hob den schweren Gegenstand, den bisher niemand bemerkt hatte, vom Fußboden auf.

«Ja, und der Wurf war treffsicher. Der Puls ist sehr schwach und das Herz ebenfalls.» Der Arzt griff nach der mitgebrachten Tasche, entnahm ihr verschiedene Fläschchen und medizinische Mittel, bat die Kinderfrau, ihm zu helfen, und wandte sich wieder Anna zu.

Ihr bleicher schöner Kopf lag erhöht auf dem ledernen Kissen des Diwans. Das schwarze, goldig schimmernde Haar umgab mit seinen Löckchen wie ein Heiligenschein ihr Gesicht, das Erschrockenheit und Strenge ausdrückte. Aus der tiefen dunklen Schläfenwunde sickerte immer noch Blut und rann über die blasse Wange auf das weiße Kleid.

Der Arzt versuchte Anna zu sich zu bringen, doch alle seine Bemühungen vermochten nichts gegen ihre tiefe Ohnmacht auszurichten. Die Kinderfrau brachte die jetzt laut schluchzende Manja weg.

Der Fürst trat zu seiner Frau und sah den Arzt

fragend an. Der sagte kein Wort und setzte sein Werk fort.

Gegen zehn Uhr morgens begann Anna zu sich zu kommen. Der Arzt schickte alle hinaus, aus Furcht, die Aufregung könnte für die Kranke zu groß sein. Die Wunde wurde verbunden, und der Verband verlieh Anna ein ungewohntes, klägliches Aussehen. Endlich schlug sie die Augen auf und sah sich gehetzt um. «Rufen Sie den Fürsten», sagte sie leise und schloß wieder die Augen.

Der Fürst kam herein und beugte sich über sie; sie öffnete ihre großen schwarzen Augen und schien ihre ganze Kraft anspannen zu müssen, als sie mit schwacher, dumpfer Stimme zu sprechen anhob: «So mußte es kommen... Verzeih! Dich trifft keine Schuld... Aber für den Fall, daß ich sterbe, muß ich dir sagen...» Sie stockte und schloß die Augen.

«Was? Was?... Sprich um Himmels willen! Sag mir schnell...», beschwor sie der Fürst, der ein Schuldgeständnis von ihr erwartete.

«Daß ich dir niemals untreu gewesen bin, daß ich dich geliebt habe, so sehr ich konnte, und rein vor dir und den Kindern sterbe. Aber so ist es besser!... Oh, wie bin ich müde!» Sie seufzte und verstummte.

«Ich habe mich schuldig gemacht an dir, Anna. Anna, meine Freundin, verzeih mir...» Der Fürst nahm schluchzend Annas Hand und legte sie an seine Wange. Die Hand erkaltete.

«Wo sind die Kinder?» fragte Anna plötzlich und richtete sich leicht auf. «Schnell, holt schnell die Kinder!»

Sie sank erschöpft zurück und schloß die Augen. Als sie sie wenige Minuten später wieder öffnete, sahen ihre Augen niemanden mehr an. Sie waren ernst, und ihr Blick ging irgendwohin, über alles Irdische hinaus.

«Ich wollte eine andere Liebe. So eine, wie...» Anna hob die Augen zu ihrem Mann, und als erkenne sie ihn nur mit Mühe, fügte sie hinzu: «Dich trifft keine Schuld. Du konntest nicht begreifen, was...» Sie stockte und fügte unter Anstrengung hinzu: «... was *wichtig* ist in der Liebe...»

Man brachte die verschreckten, weinenden Kinder. Anna küßte sie und wollte sie bekreuzigen, wie sie es jeden Abend getan hatte, wenn sie ihnen gute Nacht sagte, doch ihre Hand fiel herab. Die Kinder wurden fortgebracht, und etwas Unheilvolles, Stilles und Schreckliches durchzog den Raum, bedrückend wie eine schwere Wolke.

«Natürlich...», sagte Anna leise. «*Cette clef –*

c'est l'infini...», brachte sie, wie im Fieber, noch leiser hervor, da ihr aus irgendeinem Grund Lamartines Worte in den Sinn kamen, die ihr seinerzeit Bechmetew vorgelesen hatte.

Der Arzt trat zu der Kranken. Er wiegte leicht den Kopf und machte dem Fürsten ein Zeichen. Der schluchzte leise.

Anna kam nicht mehr zu sich. Genau um zwölf Uhr verschied sie, und abends um sieben Uhr lag sie auf dem Tisch im großen Salon in einem hellen Kleid, das in seiner unbedacht wirkenden Festlichkeit einen beklemmenden Gegensatz bildete zu der düsteren Ernsthaftigkeit des erstarrten Totengesichts mit der eingeschlagenen Schläfe.

Die Verzweiflung des Fürsten hatte etwas Schreckliches. Es war die Verwirrung eines Kindes, das sich im Wald verlaufen hat. Er rannte gegen die Wände an, schrie, stöhnte, warf sich auf Diwane und Sessel und bat alle, ihn zu töten, ins Gefängnis zu stecken, zu erschießen. Er aß, trank und schlief nicht.

Freunde und Verwandte schüttelten den Kopf und sagten, daß er den Verstand verliere. Da jeder seine entsetzliche Verfassung sah, fragte ihn keiner, wie es zu Annas Tod gekommen war, und niemand hörte ihm zu.

«Sie ist gestürzt und hat sich fürchterlich verletzt», sagten alle.

Die abgehärmten Kinder schlichen trostlos durch die Zimmer, als suchten sie etwas. Die älteren weinten sich die Augen aus, daß man um sie bangen mußte. Auf dem Tisch im Wohnzimmer stand Annas Handarbeitskästchen, daneben lag eine Arbeit, die Nadel schien gerade erst hineingesteckt worden zu sein. Auf den Fensterbrettern blühten Rosen, die sie und die Kinder gestern noch mit einer kleinen Gießkanne gegossen hatten. Da waren auch die Pappsoldaten, mit denen sie und der kleine Juscha gespielt hatten – er sollte sie zu Fall bringen. Beide hatten gelacht, als der Fürst hereingekommen war. Auf dem Schreibtisch lag ein nicht zu Ende geschriebener Brief an die Schwester Natascha und daneben in dem Sessel Annas weißer, mit dunklen Federn gesäumter Umhang, als hätte sie ihn eben von den Schultern gleiten lassen. Alles machte den Eindruck, als müßte sie jeden Moment ins Zimmer treten.

Am dritten Tag wurde sie unter Wehklagen aus dem Haus getragen, an langen Leinenbändern in die ewig grauenerregende Grube hinuntergelassen, aus der es einen das geliebte Wesen wenigstens für einen kurzen Moment herauszuholen stets verlangt, und mit Erdbrocken zugeschüttet, die auf den Sargdeckel polterten.

Nun war sie mit der Natur verschmolzen, die sie so geliebt hatte, und mit ihr in die Ewigkeit eingegangen...

Der Fürst begriff, daß sie nicht mehr war, daß er sie nicht erst mit diesem weißen Stück Marmor umgebracht hatte, sondern schon lange vorher, weil er sie nicht gekannt und nicht zu schätzen gewußt hatte... Er begriff, daß die Liebe, die er ihr gegeben hatte, sie umgebracht hatte, daß er sie *nicht so* hätte lieben dürfen. Jetzt, da ihr Körper ihm genommen war, begann er ihre Seele zu verstehen. Mehr und mehr lernte er, diese ihm entflogene zärtliche und reine Seele zu schätzen, die ihn geliebt, die so viele Jahre auf so fröhliche und vielfältige Weise sein Leben und das ihrer Kinder befruchtet hatte – und es drängte ihn, seine Seele mit der ihrigen zu vereinigen...

Freunde und Bekannte des Fürsten begannen davon zu sprechen, daß er ein überspannter Spiritist geworden sei und sie sich Sorgen machten um seinen geistigen Zustand.

Einen Monat nach Annas Tod kam die Nachricht, daß Bechmetew im Ausland gestorben war.

KURZE AUTOBIOGRAPHIE DER GRÄFIN
SOFJA ANDREJEWNA TOLSTAJA

I

Ich wurde am 22. August 1844 in unserem Sommerhaus in dem Dorf Pokrowskoje, Glebowo-Streschnewo¹, geboren, wo ich bis zu meiner Heirat jeden Sommer verbrachte. Die Winter über lebten wir in Moskau, im Kreml, im Gebäude neben dem Dreifaltigkeitstor, in der Dienstwohnung meines Vaters, der Hofarzt war. Darüber hinaus bekleidete er die Stellung eines Oberarztes des Senats und des Ordonnanzhauses.

Mein Vater war lutherischen, meine Mutter russisch-orthodoxen Glaubens. Den Studien meiner Schwester Tatjana Andrejewna Kusminskaja und meines Cousins Alexander Alexandrowitsch Behrs entsprechend ist die Abstammung meines Vaters die folgende: Sein Großvater kam aus Deutschland. In der Regierungszeit der Zarin Elisabeth, der Tochter Peters des Großen, wurde die Armee nach neuen Verordnungen reformiert, und zur Ausbildung der Truppen wurden Instruktoren benötigt. Auf Wunsch Ihrer Majestät der Zarin kommandierte der Preußische König vier Offiziere des Kürassierregiments nach Petersburg ab. Unter ihnen befand sich der Rittmeister Hans Behrs, welcher, nachdem er einige Zeit in Rußland gedient hatte, in der Schlacht bei Zorndorf[2] fiel. Er hinterließ eine Witwe und den Sohn Jewstafi. Über seine Gattin ist nur bekannt, daß sie Maria hieß und eine Baronesse war. Sie starb früh und hinterließ ihrem Sohn Jewstafi ein stattliches Vermögen.

Jewstafi Iwanowitsch lebte in Moskau und heiratete Jelisaweta Iwanowna Wulfert, die aus einem alten Adelsgeschlecht Westfalens stammte. Sie hatten zwei Söhne: Alexander und meinen Vater Andrej. Beide studierten an der Moskauer Universität und wurden Ärzte.

Im Jahr 1812 verbrannte der gesamte Besitz des Jewstafi Iwanowitsch, sein Haus und alle Dokumente sowie sein Siegel mit dem Wappen, auf dem ein Bienenstock mit Bienen dargestellt war, die einen Bären angreifen, woher auch der Familienname Behrs stammt (nach dem deutschen «Bär»). Obwohl die Nachkommen sich um die Wiederherstellung des Wappens bemühten, wurde es von der Regierung nicht in der ursprünglichen Form erneuert. Das neue Wappen zeigt nur den Bienenstock mit den Bienen.

Nach Ende des Krieges im Jahr 1812[3] unterstützte die Regierung Jewstafi Iwanowitsch mit einer kleineren Summe. Als sie Witwe geworden war, konnte meine Großmutter Jelisaweta Iwanowna die Ausbildung ihrer Söhne nur mit Mühe unterstützen. Nach Beendigung des Studiums an der Medizinischen Fakultät begannen die Söhne Behrs, ihren Lebensunterhalt selbst zu verdienen. Der ältere, Alexander, ließ sich in Petersburg nieder, der jüngere lebte mit seiner Mutter in Moskau. Im Alter von vierunddreißig Jahren heiratete dieser Ljubow Alexandrowna Islawina, die sechzehnjährige Tochter des Alexander Michailowitsch Islenew und der Fürstin Sofja Petrowna Koslowskaja, geborene Gräfin Sawadowskaja.

Die Abstammung meiner Mutter ist folgende: Der Graf Pjotr Wassilewitsch Sawadowski, der Großvater meiner Mutter, war ein bekannter Staatsmann und Protegé der Zarin Katharina der Großen. Während der Regierungszeit Alexanders I. war er der erste Bildungsminister in Rußland. Er heiratete die Gräfin Vera Nikolajewna Apraxina, die Hofdame, später Ordensdame, und eine besondere Schönheit war. Sie hatten einige Töchter und zwei Söhne, die kinderlos starben. Die älteste Tochter, die Gräfin Sofja Petrowna Sawadowskaja, wurde im Alter von sechzehn Jahren ohne ihr Einverständnis dem Fürsten Koslowski zur Frau gegeben; sie bekamen einen Sohn. Sie lebte nur kurze Zeit und sehr unglücklich mit ihrem Mann zusammen, verließ ihn und verbrachte danach ihr gesamtes Leben mit Alexander Michailowitsch Islenew. Sie starb im Wochenbett, zuvor hatte sie aus dieser Verbindung drei Söhne und drei Töchter geboren, deren jüngste, Ljubow Alexandrowna, meine Mutter war.

Sofja Petrowna lebte zurückgezogen in Krasnoje[4], auf dem Landgut meines Großvaters, wo sie auf dem Kirchhof begraben liegt. Man erzählt, sie habe den Geistlichen überredet, sie mit meinem Großvater zu vermählen. «Wenn nicht vor den Menschen, so möchte ich wenigstens vor Gott die Ehefrau Alexander Michailowitschs sein», pflegte sie zu sagen.

Mein Großvater, Alexander Michailowitsch Islenew, einem alten Adelsgeschlecht entstammend, nahm im Jahr 1812 an der Schlacht von Borodino[5] teil und wurde anschließend als Offizier in die Leibgarde des Preobrashenski-Regiments aufgenommen. Später war er Adjutant des Grafen Tschernyschow. Seine Kinder aus der Verbindung mit Sofja Petrowna konnten den Namen «Islenew» nicht führen, da die Ehe nicht gesetzlich legitimiert war, und bis heute tragen die Nachkommen den Familiennamen «Islawin»[6]; viele von ihnen bekleideten hoch angesehene Positionen.

II

Die Familie meines Vaters und meiner Mutter war sehr zahlreich; ich wurde als zweite Tochter geboren.[7] Mein Vater besaß als Arzt außer seiner Stellung in Diensten der Regierung eine große Praxis und arbeitete häufig über seine Kräfte. Er war bemüht, uns die beste Erziehung angedeihen zu lassen und uns mit allen Annehmlichkeiten des Lebens zu umgeben. Meine Mutter unterstützte dies, doch zugleich prägte sie uns ein, daß wir, da kaum Vermögen vorhanden sei, jedoch viele Kinder, uns darauf vorbereiten sollten, unser Brot selbst zu verdienen. Neben dem Unterricht, den wir erhielten, hatten wir unsere jüngeren Brüder zu unterrichten, zu nähen, zu sticken, den Haushalt zu führen und uns später auf das Hauslehrerinnenexamen vorzubereiten.

Unsere ersten Erzieherinnen waren Deutsche; das Französische lehrte uns unsere Mutter, später Gouvernanten und ein Lektor für französische Sprache von der Universität. Die Naturwissenschaften und das Russische unterrichteten Studenten. Einer von ihnen bemühte sich, mich seinen Ansichten entsprechend zu bilden und mir den extremen Materialismus nahezubringen; er gab mir Büchner und Feuerbach zu lesen, erklärte mir, daß es keinen Gott gebe und die Religion ein überholtes Vorurteil sei. Zunächst gefielen mir die Einfachheit seiner Ausführungen über die Atome und die Schlußfolgerung, alles auf der Welt sei auf deren Verbindungen zurückzuführen. Schon bald jedoch fehlten mir der gewohnte orthodoxe Glaube und die Kirche, und ich sagte mich für immer vom Materialismus los.

Bis zum Examen wurden wir Töchter zu Hause unterrichtet. Im Alter von sechzehn Jahren legte ich die Prüfung zur Hauslehrerin an der Moskauer Universität ab; als Hauptfächer wählte ich Russisch und Französisch. Examiniert wurde ich von den bekannten Professoren Tichonrawow, Ilowaiski, Dawydow, dem Priester Sergijewski und dem Franzosen M. Pascault. Es war eine bedeutungsvolle Zeit. Ich bereitete mich gemeinsam mit meiner Freundin, der Tochter des Universitätsinspektors, auf das Examen vor und bewegte mich deshalb häufig in universitären Kreisen unter klugen und gebildeten Professoren und Studenten. Dies war zu Beginn der in geistiger Hinsicht herrlichen sechziger Jahre. Gerade war die Aufhebung der Leibeigenschaft proklamiert worden, alle sprachen darüber, und wir junge Menschen waren voller Begeisterung über dieses große Ereignis.[8] Wir versammelten uns, diskutierten, waren froh.

In jener Zeit tauchten zum ersten Mal in Literatur und Gesellschaft ein neuer Typus und die neue geistige Strömung des Nihilismus unter der Jugend auf. Ich entsinne mich, wie wir in großer Gesellschaft in Anwesenheit von Professoren und Studenten «Väter und Söhne»[9] von Iwan Turgenjew lasen und im Typus des Basarow wie auch im gesamten Werk etwas Neues entdeckten, das uns sehr gefiel und viel für die Zukunft verhieß.

Ich lernte eher schlecht, beschäftigte mich immer ausschließlich mit dem, was ich liebte. So begeisterte ich mich besonders für die russische Literatur und las damals sehr viel über dieses Thema, von den Chroniken bis zu den neuesten russischen Schriftstellern, besorgte mir alte Werke und Handschriften aus der Universitätsbibliothek. Mich interessierte und erstaunte damals die Tatsache, daß sich das Russische aus seinen Anfängen in den trockenen Klosterhandschriften zur Sprache Puschkins entwickeln konnte. Dies erschien mir wie die Entwicklung eines lebendigen Wesens.

Den größten Eindruck meiner Jugend hinterließen «Kindheit» von Tolstoi und «David Copperfield» von Dickens. Aus «Kindheit» schrieb ich die Stellen, die mir besonders gefielen, ab und lernte sie auswendig, wie zum Beispiel: «Wird jemals jene Frische, Sorglosigkeit, jenes Verlangen nach Liebe und jene Kraft des Glaubens, welche man in der Kindheit besitzt, zurückkehren?», und andere. Als ich «Copperfield» zu Ende gelesen hatte, weinte ich, als ob ich mich von mir sehr nahestehenden Menschen trennen müßte. Geschichte nach den Lehrbüchern zu lernen, liebte ich nicht; in der Mathematik beschäftigte ich mich nur mit Algebra gern, die ich dann doch, infolge völligen Mangels an mathematischer Begabung, bald wieder vergaß.

Mein Examen an der Universität legte ich erfolgreich ab. In den beiden Hauptfächern Russisch und Französisch erhielt ich die Note «Ausgezeichnet», und mir wurde ein Diplom ausgehändigt, auf das ich sehr stolz war. Ich erinnere mich, wie angenehm es mir war, später das Lob über meinen Aufsatz «Die Musik» zu hören, das

Professor Tichonrawow meinem Mann gegenüber äußerte. Er fügte hinzu: «Sie brauchten gerade eine solche Frau. Sie besitzt ein sehr feines Gespür für die Literatur, ihr Aufsatz war der beste ihres Jahrgangs.»

Bald nach dem Examen begann ich eine Erzählung mit dem Titel «Natascha» zu schreiben, als deren Protagonistinnen ich mich selbst und meine Schwester Tanja wählte. Lew Nikolajewitsch nannte danach seine Heldin aus «Krieg und Frieden» Natascha. Er hatte meine Erzählung noch vor der Hochzeit gelesen und über sie in seinem Tagebuch geschrieben: «Welch Energie der Wahrheit und Schlichtheit.» Ich verbrannte diese Erzählung vor meiner Heirat, ebenso meine Tagebücher, die ich seit dem elften Lebensjahr geführt hatte, und Anfänge anderer Jugendwerke, was ich bis heute bereue.

Mit Musik und Zeichnen beschäftigte ich mich nur wenig, die Zeit reichte nicht dazu; gleichwohl habe ich alle Künste mein Leben lang sehr geliebt und kehrte immer wieder, in den wenigen freien Minuten, die mir in meinem ausgefüllten und arbeitsreichen Leben als Mädchen und vor allem als verheiratete Frau blieben, zu ihnen zurück.

III

Graf Lew Nikolajewitsch Tolstoi war seit seiner Kindheit mit meiner Mutter bekannt und befreundet. Er war zweieinhalb Jahre jünger als sie. Gelegentlich besuchte er auf der Durchreise unsere Familie in Moskau. Sein Vater Graf Nikolai Iljitsch Tolstoi war gut befreundet mit meinem Großvater Alexander Michailowitsch Islenew, und sie besuchten einander häufig auf ihren Gütern Krasnoje und Jasnaja Poljana. Im August 1862 fuhr meine Mutter mit uns Töchtern zu unserem Großvater nach Iwizy[10] im Landkreis Odojew, und auf der Fahrt dorthin machten wir in Jasnaja Poljana Station, wo meine Mutter seit ihrer Kindheit nicht mehr gewesen und wo gerade die Gräfin Maria Nikolajewna Tolstaja, die beste Freundin meiner Mutter, aus Algier zu Besuch war.[11]

Auf dem Rückweg fuhr Lew Nikolajewitsch mit uns nach Moskau und besuchte uns dann täglich in unserem Sommerhaus in Pokrowskoje und danach in Moskau. Am Abend des 16. September übergab er mir einen schriftlichen Heiratsantrag. Davor hatte wohl niemand die Absichten seiner Besuche bei uns vermutet.[12] In seinem Inneren aber war Unruhe und Kampf. In seinem Tagebuch jener Zeit schrieb er zum Beispiel folgendes –

12. September 1862:
«Ich bin verliebt, wie ich nie geglaubt hätte, daß man verliebt sein kann. Ich bin von Sinnen, ich erschieße mich, wenn das so weitergeht. War am Abend bei ihnen. Sie ist in jeglicher Beziehung liebreizend.»
13. September 1862:
«Morgen gehe ich hin, sobald ich aufgestanden bin, und sage alles, oder ich erschieße mich.»

Ich gab Lew Nikolajewitsch mein Jawort, und unser Brautstand währte nur eine Woche. Am Abend des 23. September wurden wir in der Hofkirche Mariä Geburt getraut und reisten gleich darauf in einer neuen sechsspännigen Dormeuse, von einem Vorreiter geleitet, nach Jasnaja Poljana ab. Uns begleiteten der Lew Nikolajewitsch ergebene Diener Alexej Stepanowitsch und die betagte Hausgehilfin Warwara. Vor unserer Abreise hatten wir entschieden, daß wir in Jasnaja Poljana mit dem Tantchen Tatjana Alexandrowna Jergolskaja[13] unseren Wohnsitz nehmen würden. Von den ersten Tagen an war ich meinem Mann Helferin sowohl in Wirtschaftsdingen als auch bei der Abschrift seiner Werke. Nachdem die erste Zeit unseres Ehelebens vergangen war, verspürte Lew Nikolajewitsch ein starkes Bedürfnis nach Arbeit. In seinem Tagebuch vom Dezember 1862 schrieb er: «Ich fühle die Kraft der Notwendigkeit zu schreiben.» Und diese Kraft war groß, sie schuf jenes bedeutende Werk, das die frühen Jahre unseres Ehelebens mit Glück und Freude erfüllte.

Kurz nach der Hochzeit beendete Lew Nikolajewitsch «Polikuschka», schrieb die Endfassung der Erzählung «Die Kosaken» und gab sie bei Michail Katkow[14] für den «*Russki westnik*» in Druck. Darauf machte er sich an einen Roman über die Dekabristen[15], deren Schicksal und Tätigkeit ihn sehr interessierten. Als er über diese Epoche zu schreiben begonnen hatte, schien es Lew Nikolajewitsch unabdingbar, von der Herkunft und Vorgeschichte der Dekabristen zu erzählen, und er ging bis ins Jahr 1805 zurück. Von diesem Vorhaben kam er ab, doch das Jahr 1805 wurde der Anfang von «Krieg und Frieden», der im «*Russki westnik*» veröffentlicht wurde.[16] Dieses Werk, das Lew Nikolajewitsch nur ungern einen *Roman* nannte, schrieb er voller Begeisterung und mit großem Eifer, und es erfüllte unsere Tage mit lebhafter Schaffenslust.

Im Jahr 1864 war schon einiges geschrieben. Lew Nikolajewitsch las mir, Warja und Lisa, den Töchtern seiner Schwester Maria Nikolajewna, oft wundervolle neue Abschnitte vor. Im selben Jahr trug er auch einigen Bekannten und den beiden Moskauer Literaten Shemtschushnikow und Aksakow[17] einige Kapitel vor, und alle waren begeistert. Lew Nikolajewitsch las, wenn er nicht aufgeregt war, außergewöhnlich gut. Ich erinnere mich, wie heiter es in Jasnaja Poljana war, als er Komödien von Molière las, wenn nichts Neues für «Krieg und Frieden» geschrieben war.

Unser Leben in Jasnaja Poljana war in den ersten Jahren sehr zurückgezogen. Aus jener Zeit könnte ich nichts Interessantes aus dem Leben von Gesellschaft und Staat berichten, da alles an uns vorüberging. Wir lebten auf dem Lande, ohne zu reisen, verfolgten die Neuigkeiten nicht, sahen nichts, wußten nichts – und es interessierte uns auch nichts. Ich hatte keine anderen Bedürfnisse, lebte mit den Figuren aus «Krieg und Frieden», liebte sie, verfolgte ihre Lebenswege, als ob sie lebendig seien. Das Leben war so erfüllt und unsagbar glücklich durch unsere gegenseitige Liebe, die Kinder und vor allem die Arbeit an dem so bedeutenden Werk meines Mannes, das ich und später die ganze Welt verehrte, daß wir nach nichts anderem strebten.

Bisweilen, wenn die Kinder zu Bett gebracht und die Manuskripte oder Korrekturbögen nach Moskau geschickt worden waren, setzten wir uns ans Klavier und spielten vierhändig. Lew Nikolajewitsch liebte besonders Symphonien von Haydn und Mozart. Ich spielte damals recht dürftig, bemühte mich jedoch sehr, nicht zurückzustehen. Es schien, daß auch Lew Nikolajewitsch mit seinem Schicksal zufrieden war. In einem Brief an meinen Bruder schrieb er 1864: «Es ist, als ob erst jetzt unsere Flitterwochen begonnen hätten.» Und an anderer Stelle heißt es: «Ich glaube, so glücklich wie ich ist wohl nur ein einziger unter einer Million.» Auf die Vorhaltungen seiner Verwandten Gräfin Alexandra Andrejewna Tolstaja[18], er schreibe ihr zu selten, antwortete er: «*Les peuples heureux n'ont pas d'histoire*[19] – so auch wir.» Jede neue Idee, jede neue vielversprechende Eingebung, die seinem Genie entsprang, machte Lew Nikolajewitsch froh. So schreibt er in seinem Tagebuch am 19. März 1865: «Der Gedanke, eine psychologische Studie Alexanders und Napoleons zu schreiben, umgibt mich mit einer Woge von Glück.»

Im Gefühl der Schönheit seines Werkes hielt

Lew Nikolajewitsch folgende Überlegung fest: «Der Dichter nimmt das Beste aus seinem Leben und legt es in sein Werk. Deshalb ist sein Werk schön und sein Leben schlecht.» Sein Leben zu jener Zeit allerdings war nicht schlecht, sondern ebenso gut und rein wie sein Werk.

Wie gerne schrieb ich «Krieg und Frieden» ab! In meinem Tagebuch notierte ich: «Das Bewußtsein, einem Genie und großen Menschen zu dienen, gab mir Kraft zu allem.» In einem Brief an Lew Nikolajewitsch schrieb ich: «Dein Roman erhebt mich geistig und moralisch ungemein. Sobald ich mich zum Schreiben niedersetze, werde ich in eine poetische Welt getragen, und es scheint mir manchmal, daß nicht nur Dein Roman besonders gut ist, sondern daß auch ich besonders klug bin.» In meinem Tagebuch heißt es: «Ljowotschka ist den ganzen Winter über gereizt, schreibt oft unter Tränen und in großer Aufregung. Mir scheint, daß sein Roman ‹Krieg und Frieden› hervorragend wird. Alles, was er mir vorlas, rührte mich zu Tränen.» Im Jahr 1865 schrieb ich meinem Mann nach Moskau, wo er historische Quellen für seinen Roman studierte: «Heute habe ich weitergelesen und abgeschrieben, was ich zuvor noch nicht kannte, nämlich wie der arme verbundene alte Mack kommt, um einzugestehen, daß er geschlagen worden sei, und um ihn herum stehen neugierige Adjutanten, er aber ist den Tränen nahe, und sein Treffen mit Kutusow. Mir gefiel es sehr, deshalb schreibe ich Dir davon.»

Im November 1866 besuchte L.N. häufig das Rumjanzew-Museum und las dort alles, was die Freimaurer betraf. Vor seiner Abreise aus Jasnaja Poljana übergab er mir stets die Manuskripte, die ich ins reine schreiben sollte. Wenn ich damit fertig war, schickte ich sie nach Moskau und schrieb einmal in einem Brief: «Wie hast Du hinsichtlich Deines Romans entschieden? Ich habe ihn sehr lieb gewonnen. Indem ich meine Abschrift aus den Händen gebe und nach Moskau schicke, ist mir, als ob ich ein Kind aus den Händen gäbe, und ich fürchte, daß jemand ihm etwas Schlimmes zufügen könnte.»

Häufig konnte ich beim Abschreiben nicht begreifen und nachfühlen, warum etwas, das wunderbar schien, geändert oder gestrichen wurde; ich war glücklich, wenn das zuvor Gestrichene wieder hinzugefügt wurde. Es kam auch vor, daß bereits abgesandte Korrekturbögen auf Bitte Lew Nikolajewitschs zurückbeordert wurden und er von neuem begann, Änderungen und Verbesserungen vorzunehmen. Bisweilen wurden auch per Telegramm Aufträge erteilt, *ein* bestimmtes Wort durch ein anderes zu ersetzen. Ich drang mit ganzer Seele in den Text, den ich abschrieb, ein, so daß ich selbst zu spüren begann, wenn etwas holperig schien, wenn Wortwiederholungen und lange Satzgebilde vorkamen, wo Satzzeichen umzustellen waren und der Sinn verdeutlicht werden mußte. Auf all dies wies ich Lew Nikolajewitsch hin. Manchmal freute er sich über meine Anmerkungen, manchmal erläuterte er mir, warum es gerade so sein müsse, sagte, daß Nebensächlichkeiten keine Rolle spielten, sondern das Gesamte wichtig sei.

Das erste, was ich mit meiner unschönen, aber klaren Handschrift abschrieb, war «Polikuschka», und viele Jahre bereitete mir die Arbeit des Abschreibens großes Vergnügen. Ich wartete oft auf den Abend, an dem Lew Nikolajewitsch mir das von ihm Verfaßte oder Korrigierte bringen würde. Einige Stellen aus «Krieg und Frieden» und aus anderen Werken mußten viele Male aufs neue ins reine übertragen werden. Andere dagegen, etwa die Schilderung der Jagd beim Onkel, schrieb er in einem Fluß nieder. Ich erinnere mich, wie Lew Nikolajewitsch mich in sein Arbeitszimmer rief und mir dieses soeben verfaßte Kapitel vorlas; wir lachten und waren glücklich.

Beim Abschreiben erlaubte ich mir manchmal Bemerkungen und bat, zu streichen, was mir als Lektüre für die Jugend als nicht einwandfrei erschien, etwa einige zynische Szenen der schönen Hélène, und Lew Nikolajewitsch gab meinen Wünschen nach. Oft weinte ich beim Abschreiben besonders poetischer und bezaubernder Stellen in den Werken meines Mannes, nicht allein, weil es mich berührte, sondern aufgrund des künstlerischen Hochgenusses, den ich mit dem Schriftsteller zusammen durchlebte.

Es bekümmerte mich sehr, wenn Lew Nikolajewitsch plötzlich von Schwermut und Enttäuschung über seine Werke ergriffen wurde, wenn er mir schrieb, ihm gefalle sein Roman nicht mehr und er sei traurig. Dieses Gefühl war im Herbst 1864, als er sich den Arm gebrochen hatte, besonders mächtig. Ich schrieb ihm nach Moskau: «Was bist Du denn so verzweifelt? Wo Du auch bist, bist Du traurig, nichts will gelingen. Warum verzagst Du und läßt den Mut sinken? Hast Du wirklich keine Kraft, Dich aufzuraffen? Denke doch, wie glücklich Dein Roman Dich gemacht hat, wie gut Du alles durchdacht hast, und plötzlich gefällt er Dir nicht mehr! Nein, nein, das ist falsch! Wenn Du zu uns zurückkommst und an Stelle der Kremlmauern unseren sonnendurchfluteten Eichenwald und die Felder erblickst..., wirst Du mir mit froher Miene von den Themen neuer Werke berichten und mir diktieren, die Ideen werden fließen, und es wird Schluß sein mit der Hypochondrie.» Nach seiner Rückkehr nach Hause geschah dies dann auch.

Sobald Lew Nikolajewitsch seine Arbeit unterbrach, vermißte ich meine Beschäftigung. Ich bat ihn in einem Brief: «Schreibe, schreibe, damit ich Arbeit habe.» Als er in Moskau den ersten Teil von «Krieg und Frieden» an Katkow vom «*Russki westnik*» verkauft hatte, bekümmerte mich dies sehr, und ich schrieb: «Es ist so traurig, daß Du Dein Werk verkauft hast. Entsetzlich! Deine Gedanken, Gefühle, Dein Talent, ja Deine Seele hast Du verkauft!»

Als Lew Nikolajewitsch «Krieg und Frieden» beendet hatte, regte ich an, dieses wunderbare Werk nicht nur in Zeitschriften, sondern als Buch zu veröffentlichen, und er stimmte zu. Bald darauf erschien eine glänzende Kritik Nikolai Nikolajewitsch Strachows[20], über die Lew Nikolajewitsch sagte, der Rang, den Strachow dem Roman in seiner Besprechung beigemessen habe, behalte für immer Gültigkeit. Überdies wuchs Tolstois Ruhm rasch, die Wertschätzung seiner literarischen Arbeit stieg und erfaßte bald alle Gesellschaftsschichten und Völker.

Die Fürstin Paskewitsch übersetzte in generöser Absicht als erste «Krieg und Frieden» ins Französische, und die Franzosen, wenngleich überrascht, schätzten das Werk des russischen Schriftstellers hoch.

In meinen Dokumenten findet sich ein Brief Iwan Turgenjews an Edmond About[21], in dem Turgenjew «Krieg und Frieden» höchst anerkennend erwähnt. Unter anderem schreibt er: *«Un des livres les plus remarquables de notre temps... Ceci un grand œuvre d'un grand écrivain et c'est la vraie Russie.»*[22]

Im Jahr 1869 war der Druck der ersten Auflage von «Krieg und Frieden» abgeschlossen. Sie war schnell vergriffen, und eine zweite wurde in Druck gegeben. Originell war damals das Urteil des Schriftstellers Schtschedrin[23] über «Krieg und Frieden». Er sagte voller Verachtung, das Werk gemahne ihn an das inhaltslose Geschwätz von Kinderfrauen und Großmüttern.

Nach der Fertigstellung seines großen Werkes verließ Lew Nikolajewitsch das Bedürfnis nach literarischer Arbeit nicht. Er hatte neue Ideen, studierte die Epoche Peters des Großen, doch so sehr er sich auch mühte, vermochte er es nicht, jene Zeit, besonders das alltägliche Leben, darzustellen. In einem Brief an meine Schwester schrieb ich: «Alle Personen aus der Epoche Peters des Großen hat er bereits entworfen, sie sind angekleidet, feingemacht, auf ihre Plätze gestellt, doch sie atmen noch nicht. Vielleicht beginnen sie zu leben.»

Gleichwohl erwachten diese Personen nicht zum Leben. Es blieb bei zehn bisher unveröffentlichten Romananfängen über die Zeit Peters des Großen.

Eine Zeitlang hatte Lew Nikolajewitsch den Plan, die Geschichte Mirowitschs[24] zu schreiben, doch auch dies vollendete er nicht. Er ließ mich stets an seinen Plänen teilhaben, und im Jahr 1870 sagte er, er wolle einen Roman über den moralischen Niedergang einer Dame der höchsten Kreise der Petersburger Gesellschaft schreiben, wobei er sich zum Ziel setze, die Frau und ihre Handlungsweise darzustellen, ohne sie zu verurteilen. Diese Idee bildete die Grundlage für den neuen Roman «Anna Karenina». Ich erinnere mich gut der Umstände, unter denen Lew Nikolajewitsch das Buch zu schreiben begann.

Um dem hochbetagten Tantchen Tatjana Alexandrowna Jergolskaja eine Freude zu bereiten, schickte ich unseren Sohn Serjosha, ihr Patenkind, zu ihr, damit er ihr aus «Belkins Erzählungen» von Puschkin vorlese. Als sie bei der Lektüre einschlief, legte Serjosha das Buch im Salon auf den Tisch und ging ins Kinderzimmer. Lew Nikolajewitsch nahm das Buch und las einen Abschnitt daraus, der mit den Worten begann: «Die Gäste waren im Sommerhaus des Grafen L. zusammengekommen.» – «Wie gut, wie einfach», sagte Lew Nikolajewitsch. «Direkt zur Sache. So muß man schreiben. Puschkin ist mein Lehrer.» Am selben Abend schrieb Lew Nikolajewitsch den Anfang von «Anna Karenina» und las ihn mir vor; nach einer kurzen Eröffnung über die Familie an sich hieß es dort: «Bei den Oblonskis war alles durcheinandergeraten.» Dies war am 19. März 1872.

Nachdem er den ersten Teil von «Anna Karenina» beendet und mir den zweiten zur Abschrift gegeben hatte, unterbrach er plötzlich diese Arbeit und widmete sich erneut der Pädagogik, worüber er im Jahr 1874 an Alexandra Andrejewna Tolstaja schrieb: «Wieder widme ich mich ganz der Pädagogik, wie vor vierzehn Jahren. Ich schreibe einen Roman, aber von den lebenden Menschen mich loszureißen, um mit erdichteten mich zu beschäftigen, das vermag ich jetzt durchaus nicht.»

Wie schwer mir die Arbeit des Abschreibens bei all meinen Pflichten als Hausfrau und Mutter auch war, fehlte sie mir doch, und ich wartete mit Ungeduld darauf, daß mein Mann seine literarische Tätigkeit wieder aufnahm.

Die Umstände, unter denen «Anna Karenina» geschrieben wurde, waren sehr viel schwieriger als jene, unter welchen «Krieg und Frieden» entstanden war. Damals lebten wir in ungetrübtem Glück, nun aber starben nacheinander drei Kinder und zwei Tanten.[25] Auch ich erkrankte, nahm stark ab, hustete Blut und litt unter Rükkenschmerzen. Lew Nikolajewitsch war beunruhigt und ließ mich auf der Durchreise in Moskau von Professor Sacharin untersuchen, der feststellte: «Bis jetzt ist es keine Schwindsucht, doch kann sie sich entwickeln. Ihre Nerven sind sehr angegriffen», und vorwurfsvoll setzte er hinzu: «Sie haben sie wohl nicht eben geschont.» Er untersagte mir das Unterrichten der Kinder und das Abschreiben und verordnete eine Schweigekur. Ich gesundete nur sehr langsam, vor allem weil wir den Sommer in der Steppe im Gouvernement Samara in sehr unwirtlichen Verhältnissen bei einer Kumys-Kur verbrachten, die mir gar nicht zuträglich war.[26] Mißmutig und krank schrieb ich an meine Schwester: «Ljowotschkas

Roman wird gedruckt, und es heißt, er habe furchtbaren Erfolg. In mir aber steigt ein seltsames Gefühl auf: Bei uns herrscht eine solche Trauer, und doch werden wir überall gefeiert.»

Nach «Anna Karenina» schrieb Lew Nikolajewitsch, da er die Volksliteratur zu reinigen und sie um moralisch und künstlerisch wertvolle Werke zu bereichern suchte, einige Erzählungen und Legenden, die mich überaus begeisterten und deren Ziel und Bestimmung ich absolut unterstützte.

Ich erinnere mich, daß ich in der Universität bei einer Lesung dieser Legenden zugegen war, worüber ich Lew Nikolajewitsch nach Jasnaja Poljana schrieb: «Die Legenden hatten riesigen Erfolg. Professor Storoshenko las sie hervorragend. Im Publikum waren vor allem Studenten. Der Eindruck der Erzählungen war, daß ihr Stil bemerkenswert streng und dicht sei, ohne überflüssige Worte, alles passend, treffsicher, stimmig wie ein Akkord. Viel Inhalt, wenig Worte und eben darum überzeugend bis zum Schluß.»

Ich gedenke dieser Werke als jener, die in den glücklichsten Jahren unseres Lebens erschaffen wurden.

IV

Zu Beginn unseres Ehelebens hatten wir nur wenige Gäste. Ich erinnere mich an den Besuch des Grafen Wladimir Alexandrowitsch Sollogub[27] mit seinen beiden Söhnen. Klug und liebenswürdig, wie er war, gefiel er uns allen sehr. Mich nahm er besonders dadurch für sich ein, daß er zu Lew Nikolajewitsch über mich sagte: «Sie Glücklicher, was haben Sie für eine Frau!» An mich wandte er sich mit den Worten: «Sie sind die wahre Amme des Talents ihres Mannes, widmen Sie auch weiterhin Ihr Leben diesem Ziel.» Den freundschaftlichen und weisen Rat des Grafen Sollogub vergaß ich mein Leben lang nicht und bemühte mich nach Kräften, ihn zu befolgen.

Recht häufig besuchte uns Afanassi Afanassjewitsch Fet[28], den Lew Nikolajewitsch sehr mochte, und auch Fet war uns beiden zugetan. Wenn er, häufig auch in Begleitung seiner bezaubernden Frau, auf dem Weg nach und von Moskau unser Gast war, erfüllte er unser Haus mit seiner lauten, anregenden, oft spitzzüngigen und bisweilen schmeichlerischen Art zu reden.

Im Jahr 1863 war er im Frühsommer in Jasnaja Poljana. In jener Zeit beschäftigte sich Lew Nikolajewitsch voller Begeisterung mit der Bienenzucht und verbrachte ganze Tage bei den Bienenstöcken. Manchmal trug ich ihm sein Frühstück dorthin. Eines Abends beschlossen wir, den Tee im Bienengarten einzunehmen. Überall im Gras leuchteten die Glühwürmchen. Lew Nikolajewitsch nahm zwei von ihnen, hielt sie mir an die Ohren und sagte: «Ich habe dir Smaragdohrringe versprochen. Welche könnten schöner sein als diese?»

Als Fet abreiste, übergab er mir einen Brief mit einem Gedicht, das mit den Versen endet:

«Deine Hand in der meinen,
Wie wunderbar!
Zwei Leuchtkäfer auf der Erde,
Ein Smaragdenpaar.»

Nach fast jedem Besuch sandte mir Afanassi Fet ein neues Gedicht, von denen er mir viele widmete. Eines freute mich besonders durch seine – vielleicht unverdiente – Beschreibung meiner inneren Eigenschaften in folgendem Vierzeiler:

«Erfüllt von deinem Liebreiz,
Hier in der Einsamkeit,
Verstand ich, du strahlendes Wesen,
deiner Seele ganze Reinheit.»

Als wir nach Moskau übersiedelten, kaufte Fet ein Haus in der Nähe des unsrigen. Er besuchte uns häufig und sagte, in Moskau brauche er nichts außer einem Samowar. Wir amüsierten uns über diesen ungewöhnlichen Wunsch Fets, doch er erklärte ihn so: «Ich muß wissen, daß an den Abenden irgendwo der Samowar brodelt und eine liebenswürdige Hausherrin am Tisch sitzt, mit der ich einen angenehmen Abend verbringen kann.»

Unter den interessanten Gästen in Jasnaja Poljana war Turgenjew, der uns zweimal besuchte. Zum erstenmal im Jahr 1878 und noch einmal, um Lew Nikolajewitsch zur Enthüllung eines Puschkin-Denkmals einzuladen. Er war heiter, zartfühlend und erfreute sich an unserem glücklichen Familienleben. Einmal sagte er zu Lew Nikolajewitsch: «Wie gut haben Sie daran getan, diese Frau zu heiraten.»

Dankbar bin ich allen lieben, dahingegangenen, wahren Freunden für ihr stets gütiges und lauteres Verhalten mir gegenüber. Viele von ihnen waren mehr als zwanzig Jahre älter als ich und begegneten mir, der damals noch jungen Frau, voller Nachsicht.

Häufiger Gast, der oft lange bei uns blieb, war Nikolai Nikolajewitsch Strachow, ein von uns allen geliebter und geschätzter Freund, der beseelt von unserem Eheleben war und liebevoll mit den Kindern umging. Er sagte oft: «Ich will unbedingt einmal über Jasnaja Poljana und das Leben hier schreiben», doch hat er diesen Plan nicht mehr verwirklicht.

Viele unterschiedliche Gäste empfingen wir in Jasnaja Poljana und in Moskau. Unter ihnen waren Ausländer und bekannte Künstler: Ilja Repin, Nikolai Ge, Valentin Serow, Ilja Ginsburg, Pawel Trubezkoi und Naum Aronson,[29] die Lew Nikolajewitsch und mich malten und modellierten. Meine Porträts hatten merkwürdigerweise nie Ähnlichkeit mit mir.

Viel könnte ich über jene glückliche Epoche meines Lebens berichten, in der alles so heiter, anregend und inhaltsreich war. Ich bedaure, daß ich damals über die interessanten Gespräche unserer Gäste und Lew Nikolajewitschs nur wenig Notizen gemacht habe. Heute, da ich viel Schweres durchlebt habe und das einstige Glück mit Kummer und Leid bezahlen mußte, die mir von schwierigen Umständen und schlechten Menschen zugefügt wurden, erinnere ich mich nur noch an weniges.

V

Als die Kinder kamen, konnte ich mich den Pflichten meinem Mann gegenüber und der steten Anteilnahme an seiner Arbeit nicht mehr voll widmen. Wir hatten viele Kinder, dreizehn wurden lebend geboren, deren zehn ich selbst stillte, da ich aus innerer Überzeugung grundsätzlich keine Amme zu nehmen wünschte.[30] Dreimal mußte aufgrund schwieriger Umstände von diesem Grundsatz abgewichen werden.

Die Kinder wuchsen heran, und wir erzogen sie auf der Grundlage unserer gemeinsamen Überzeugungen. Die Hauslehrer und Gouvernanten wählte Lew Nikolajewitsch stets selbst aus und stellte sie ein. Viele Fächer unterrichteten auch wir Eltern. Der Vater wollte seinen Kindern eine absolut hervorragende Bildung vermitteln, den Knaben ausschließlich eine klassische. Er brachte sich selbst mühsam das Griechische bei, um den ältesten Sohn Serjosha zu unterrichten, dessen Studium an der Universität er für unabdingbar hielt. «Zu dieser Zeit wird auch Tanja alt genug sein und in die Gesellschaft eingeführt werden müssen», sagte er damals. Mir selbst fiel es zu, die Kinder in jenen Fächern zu unterrichten, für die zunächst keine Hauslehrer vorhanden waren, als da wären: Französisch und Deutsch, Musik, Zeichnen, russische Literatur und sogar Tanz. Das Englische beherrschte ich nur schlecht. Im ersten Jahr unserer Ehe begann Lew Nikolajewitsch, der es selbst nicht allzu gut sprach, mich darin zu unterrichten, das erste Buch, das wir gemeinsam auf Englisch lasen, war «*The Woman in White*» von Wilkie Collins[31]. Später lernte ich diese Sprache mühelos von den Engländerinnen, die wir für unsere Kinder einstellten.

Unsere Pläne für die Erziehung unserer älteren Kinder setzten wir im Jahr 1881 in die Tat um, indem wir in Moskau unser Winterquartier bezogen. Unser ältester Sohn Sergej nahm sein Studium an der Universität auf, die anderen beiden Söhne meldete Lew Nikolajewitsch im humanistischen Gymnasium L.N. Poliwanows an. Unsere Tochter Tanja ließ er die Lehranstalt für Malerei, Bildhauerei und Architektur besuchen und begleitete sie auf ihren ersten Ball, einen Kostümball bei den Olsufjews, da ich, in Erwartung des achten Kindes, Aljoscha, das am 31. Oktober geboren wurde, nicht in Gesellschaften ging.

Die Übersiedlung nach Moskau und das Stadtleben erwiesen sich entgegen allen Erwartungen für uns beide als schwieriger, als wir hatten annehmen können. Lew Nikolajewitsch schrieb mir aus der samarischen Steppe, wo er zu einer Kumys-Kur weilte: «Wenn ich, so Gott will, heimkomme, werde ich Dich bei den Angelegenheiten in Moskau eifrig unterstützen, Du brauchst nur zu befehlen.» Er war jedoch nicht in der Lage, sein Versprechen zu halten, da er sogleich nach der Rückkehr von Schwermut erfaßt wurde. Das Landleben und die Natur fehlten ihm, und die Eindrücke der Stadt, die er bereits wieder vergessen hatte, mit ihrer Armut auf der einen und ihrem Luxus auf der anderen Seite, versetzten ihn in Niedergeschlagenheit. Ich weinte oft angesichts seines Zustands, der sich nach seiner Beteiligung an der Moskauer Volkszählung noch verschlimmerte. Er schien mit seinen für Eindrücke so empfänglichen Sinnen das Stadtleben zum ersten Mal wirklich wahrzunehmen. Eine Rückkehr zum alten Leben erachteten wir als nicht sinnvoll, da die Ausbildung der Kinder, die zu unserer wichtigsten Aufgabe geworden war, gerade erst begonnen hatte. Voll Trauer mußten wir zurückblicken und uns eingestehen, daß jene neunzehn Jahre, in welchen wir völlig zurückgezogen in Jasnaja Poljana gelebt hatten, die glücklichsten Jahre unseres Lebens gewesen waren. Wie mannigfaltig und nützlich waren doch die Beschäftigungen auf dem Lande neben meinen Pflichten für die Familie und meiner Arbeit des Abschreibens für Lew Nikolajewitsch. Kranke Bauersleute suchten mich auf, die ich, soweit ich es vermochte, behandelte, und diese Aufgabe liebte ich sehr. Wir pflanzten einen Apfelhain und auch andere Baumarten und erfreuten uns an ihrem Gedeihen. Einige Zeit hatten wir in unserem Haus eine Schule, in der wir gemeinsam mit unseren heranwachsenden Kindern Bauernkinder unterrichteten. Dies währte allerdings nicht lange, da wir die eigenen Söhne und Töchter zu unterrichten hatten, deren Leben wir so abwechslungsreich wie möglich zu gestalten suchten. In den Wintern vergnügten wir uns alle, von den Kindern über die Hauslehrer und Gouvernanten bis zu uns Eltern, bei Eislauf und Rodeln, den Schnee auf der Eisbahn räumten wir selbst. Über zwanzig Jahre lang war jeden Sommer in Jasnaja Poljana die Familie meiner Schwester Tatjana Kusminskaja zu Gast, und wir lebten so heiter, daß uns der ganze Sommer wie ein großes Fest schien. Außer den verschiedensten Spielen wie Krocket, Tennis und anderen Zerstreuungen wie Theateraufführungen, Baden, Pilzesuchen, Ausfahrten und Spaziergängen waren die Sommer auch der Musik gewidmet; wir veranstalteten Konzertwettbewerbe für Kinder und Erwachsene auf dem Klavier und der Violine und im Gesang.

Einen Sommer lang erging sich die Jugend in landwirtschaftlicher Arbeit und brachte zusammen mit Lew Nikolajewitsch die Heuernte der armen Witwen ein. Damals, das heißt um die Wende der 1870er zu den 1880er Jahren, war in ihm bereits jener innere Wandel, jenes Streben nach einem schlichteren und stärker am Geistlichen orientierten Leben zu spüren, das ihn bis ans Ende seiner Tage nicht mehr verließ. Unser unumwölktes Glück, das wir so viele Jahre lang erlebt hatten, fand damit sein Ende! Zu Beginn dieser geistigen Entwicklung gab sich Lew Nikolajewitsch, wie allgemein bekannt, mit Leidenschaft dem orthodoxen Glauben und der Kirche hin. Darin sah er die Vereinigung mit dem einfachen Volke. Doch allmählich wandte er sich davon ab, was auch aus seinen späteren Schriften ersichtlich ist. Es ist schwierig zu ergründen, wie und wann genau sich dieser innere Wandel in Lew Nikolajewitsch endgültig vollzogen hat. Aufgrund meines anstrengenden und arbeitsreichen Daseins und meiner Mutterpflichten konnte ich mich nicht mehr ausschließlich den geistigen Interessen meines Mannes hingeben, er aber zog sich immer weiter und weiter vom Leben der Familie zurück. Wir hatten damals bereits neun Kinder, und je älter diese wurden, desto schwieriger gestalteten sich ihre Erziehung und das Verhältnis zu ihnen. Der Vater entfernte sich immer mehr von ihnen und sagte sich zuletzt gänzlich von der Teilnahme an der Erziehung der Kinder los, indem er sich darauf berief, daß man sie nach bestimmten Programmen unterrichte und die Gesetze der Kirche lehre, was er nicht gutheißen könne.

Meine bescheidenen Kräfte reichten nicht aus, diese Gegensätze auszugleichen, ich wurde häufig von Verzweiflung erfaßt, erkrankte sogar, doch ich sah keinen Ausweg. Was tun? Wieder aufs Land übersiedeln, alles aufgeben? Doch auch dies schien Lew Nikolajewitsch nicht zu wollen. Gegen meinen Wunsch kaufte er ein Haus in Moskau und festigte damit gewissermaßen die Grundlage unseres Lebens in der Stadt.[32]

Die Entzweiung zwischen meinem Mann und mir vollzog sich nicht, weil *ich* mich seelisch von ihm entfernte. Mein Leben und ich blieben unverändert. *Er* entfernte sich, aber nicht im alltäglichen Leben, sondern in seinen Schriften, seinen

Predigten an die Menschen, wie man leben solle. Seiner Lehre zu folgen sah ich mich außerstande. Unsere Beziehungen zueinander aber blieben unverändert: Wir liebten einander wie zuvor, es fiel uns ebenso schwer wie zuvor, wenn wir uns trennen mußten, und es war zu spüren, wie es ein alter und geschätzter Freund unserer Familie ausdrückte, daß man «nicht ein einziges Gran bei Ihnen beiden hinzufügen oder wegnehmen dürfe, ohne jene bewundernswerte Harmonie, jene Abgeschiedenheit des geistigen Lebens, die Sie umgibt, zu zerstören».

Unser Glück und unsere Harmonie wurden nur manchmal durch unbegründete Eifersucht auf beiden Seiten getrübt. Beide impulsiv und leidenschaftlich, konnten wir uns nicht vorstellen, daß irgend jemand uns voneinander zu trennen vermöge. Diese Eifersucht erwachte mit furchtbarer Kraft in mir, als ich am Ende unseres Lebens plötzlich sah, daß die mir so viele Jahre offenstehende Seele meines Mannes sich mir jäh verschloß und einem völlig Fremden öffnete, unabänderlich und ohne jeglichen erkennbaren Grund.[33]

VI

Im Laufe von vier Jahren hatten wir fünf Todesfälle in unserem Hause zu beklagen. Es verstarben zwei Tanten: im Jahr 1874 Tatjana Alexandrowna Jergolskaja und 1875 Pelageja Iljinitschna Juschkowa.[34] Überdies starben drei unserer kleinen Kinder, und ich selbst, die ich mich bei den Kindern mit Keuchhusten angesteckt hatte, erkrankte damals lebensgefährlich an einer Bauchfellentzündung, die zu einer Frühgeburt führte, und war dem Tode nahe.

Ob es diese Ereignisse waren, die Lew Nikolajewitsch beeinflußten, oder ob es andere Gründe gab – die Unzufriedenheit mit seinem Dasein und seine Suche nach einer endgültigen Wahrheit wurden erstrangig. Aus seiner «Beichte» und anderen Werken ist allgemein bekannt, daß er seinem Leben sogar durch Erhängen ein Ende bereiten wollte, da er bei seiner Suche keine befriedigende Antwort fand. Ich konnte mich nicht mehr wie einst glücklich fühlen, da mein Mann – obwohl er es freilich nicht offen aussprach – damit drohte, sich das Leben zu nehmen, wie er später damit drohte, uns zu verlassen. Gründe für seine Verzweiflung zu finden oder diese zu akzeptieren, war schwierig. Die

Familie führte ihr gewohntes, wohlanständiges Leben, doch dies stellte ihn nicht mehr zufrieden; er suchte den Sinn des Lebens in anderem, suchte den Glauben an Gott, erschauerte stets beim Gedanken an den Tod und fand nichts, das ihn hätte beruhigen und mit dem Tode versöhnen können. Er unterhielt sich mit dem Grafen Bobrinski[35] über die Lehre von Radstock[36], dann diskutierte er mit dem Fürsten Sergej Semjonowitsch Urussow[37] über den orthodoxen Glauben und die Kirche, sprach mit Pilgern und Sektierern, mit Bischöfen, Mönchen und Priestern. Doch nichts und niemand konnte Lew Nikolajewitsch zufriedenstellen und ihn beruhigen. Der Geist der Negierung der vorhandenen Religionen, des Fortschritts, der Wissenschaften, der Künste, der Familie – all dessen, was die Menschheit in Jahrhunderten hervorgebracht hatte, wurde in Lew Nikolajewitsch immer stärker, und er wurde immer schwermütiger. Es war, als ob sein inneres Auge sich nur mehr auf das Schlechte und das Leiden der Menschen richtete und alles Heitere, Schöne und Gute verschwand. Ich konnte nicht begreifen, wie man mit solchen Anschauungen leben könne, es flößte mir Furcht ein, ich wurde unruhig und verzweifelte. Aber ich konnte mich mit meinen neun Kindern doch nicht wie eine Wetterfahne dorthin drehen, wohin mein Mann, immerfort seine Anschauungen ändernd, sich begab. Bei ihm war es leidenschaftliche, aufrichtige Suche, bei mir wäre es tumbe Nachahmung gewesen, die sich auf die Familie sogar nachteilig ausgewirkt hätte. Darüber hinaus konnte und wollte ich mich aufgrund meiner Gefühle und Überzeugungen nicht von der Kirche lossagen, nach deren Grundsätzen ich, wie ich es seit der Kindheit gewohnt war, meine Gebete verrichtete. Lew Nikolajewitsch selbst war zu Beginn seines Suchens zwei Jahre lang äußerst rechtgläubig, befolgte alle Regeln und hielt die Fastenzeiten ein. Damals folgte ihm die Familie auf diesem Wege. *Wann* aber wir uns entzweit haben, weiß ich nicht und kann es nicht mehr feststellen. Und worin haben wir uns entzweit?

Lew Nikolajewitschs Negierung der Kirche und des orthodoxen Glaubens wurde bewirkt durch die Erkenntnis von Wohl und Weisheit der Lehre Christi, die er für unvereinbar mit der kirchlichen Lehre hielt. Was mich angeht, so teilte ich seine Ansicht über das Evangelium, sah in ihm jedoch zugleich die Grundlage des orthodoxen Glaubens. Nach seinem Studium des Evangeliums und dem Versuch, ganz nach ihm sein

Leben auszurichten, begann Lew Nikolajewitsch wieder unter unserem vermeintlich luxuriösen Dasein zu leiden, das zu ändern mir die Kraft fehlte. Ich verstand einfach nicht, wozu, und hätte die gewohnte Lebensweise auch gar nicht anders einrichten können. Wenn ich, dem Wunsch meines Mannes folgend, den gesamten Besitz weggegeben hätte (unklar ist, wem), mit neun Kindern in Armut zurückgeblieben wäre, hätte ich für den Unterhalt der Familie aufkommen, waschen, nähen und die Kinder ohne jede Bildung lassen müssen. Lew Nikolajewitsch hätte aufgrund seiner Berufung und seiner Neigung keiner anderen Tätigkeit als dem Schreiben nachgehen können. Er fuhr ja regelmäßig von Moskau nach Jasnaja Poljana, lebte dort allein, schrieb, las und sann über seine Werke nach. Die Trennung von ihm ertrug ich immer schwer, aber ich erachtete sie als unabdingbar für seine geistige Tätigkeit und Erholung.

Auch mir, die ich älter wurde, gebot die äußere und innere Beschwerlichkeit meines Lebens, seine Belange ernsthafter zu betrachten, und wie in meiner frühen Jugend wandte ich mich der Philosophie, den Weisheiten der alten Denker zu. In jener Zeit, etwa in den Jahren 1881 und 1882, übersetzte ein naher Bekannter und häufiger Gast unseres Hauses, Fürst Leonid Dmitrijewitsch Urussow[38], der in Tula als Vizegouverneur diente, die «Selbstbetrachtungen» des Mark Aurel ins Russische und gab uns seine Arbeiten zu lesen. Die Selbstbetrachtungen dieses kaiserlichen Weisen machten auf mich einen starken Eindruck. Später brachte mir Fürst Urussow die Werke Senecas in französischer Übersetzung. Der glänzende Stil und der Ideenreichtum dieses Philosophen faszinierten mich so sehr, daß ich seine Werke zweimal las. Darauf befaßte ich mich mit einer Reihe anderer Philosophen und notierte mir aus den Büchern Gedanken und Sentenzen, die mich beeindruckten. Ich erinnere mich, wie sehr mich Epiktets Betrachtungen über den Tod begeisterten. Schwer verständlich schien mir Spinoza, doch seine Ethik, besonders die Darlegung seines Gottesverständnisses, weckte mein Interesse. Sokrates, Platon und andere, vor allem griechische, Philosophen fesselten mich, und ich kann sagen, daß die weisen Denker mir im Leben und Denken in vielerlei Hinsicht geholfen haben. Später versuchte ich auch, zeitgenössische Philosophen zu lesen, zum Beispiel Schopenhauer; die klassische Philosophie allerdings liebte ich sehr viel mehr. Von den philosophischen Werken Lew Nikolajewitschs schien mir das beste und verständlichste «Über das Leben» zu sein, und ich übersetzte es mit Hilfe von Herrn Tastevin ins Französische. Ich arbeitete an der Übersetzung, als es mir körperlich besonders schlechtging, ich war in Erwartung der Geburt unseres letzten Kindes, Wanetschkas. Ich gab mir bei dieser Übersetzung besondere Mühe und fragte häufig meinen Mann und die Philosophen Nikolai Jakowlewitsch Grot[39] und Wladimir Sergejewitsch Solowjow[40] um Rat.

Schriftliche Arbeiten der verschiedensten Bereiche liebte ich immer sehr. Als Lew Nikolajewitsch sein «Abc-Buch» und die «Vier Lesebücher» zusammenstellte, betraute er mich damit, Sätze zu bilden, Erzählungen ins Russische zu übertragen und den russischen Gepflogenheiten anzupassen. Ich schrieb auch eine eigene kleine Geschichte, «Die Spatzen», und andere Erzählungen.

Aus Anlaß der Erzählung «Die Kreutzersonate», die mir nie gefallen hatte, verfaßte ich einen kurzen Roman aus der Perspektive der Frau, ließ ihn jedoch unveröffentlicht. Später schrieb ich noch eine weitere Erzählung mit dem Titel «Lied ohne Worte». Anlaß hierzu war der Eindruck, den bei einem Konzert das Verhalten junger Mädchen einem bekannten Pianisten gegenüber auf mich gemacht hatte. Sie lagen ihm zu Füßen, küßten seine Galoschen, rissen sein Taschentuch in Stücke und waren völlig außer sich. Was hat dies denn mit Musik zu tun? Der Gedanke, den ich vermitteln wollte, war der, daß die Begeisterung für die Kunst, ebenso wie für die Natur, eine jungfräuliche, reine bleiben muß, ohne den Beigeschmack niedriger menschlicher Leidenschaften.

Für den Unterricht der Kinder stellte ich selbst eine russische Grammatik zusammen, nach der die Kinder rasch richtig schreiben lernten. Bedauerlicherweise hat der Russischlehrer, der meine Arbeit sehr lobte, sie später verloren.

Einige der Geschichten, die ich für die Kinder erdachte, schrieb ich nieder und veröffentlichte sie in einer illustrierten Ausgabe. In der ersten Erzählung «Skelett-Püppchen» verwendete ich ein Motiv Lew Nikolajewitschs. Er hatte diese Erzählung zu schreiben begonnen, doch ihr Anfang war verlorengegangen. Ob die Aufzeichnungen in einem Reisekoffer unterwegs abhanden kamen oder zusammen mit anderen Manuskripten weggeschafft wurden, kann ich nicht sagen.[41]

Meine Werke betrachtete ich stets mit einer gewissen herablassenden Ironie und sah in dieser meiner Beschäftigung Vorwitz. So kam ich nach der Lektüre einiger Werke der Décadence auf die Idee, diese zu imitieren, und schrieb im Scherz einige Gedichte in Prosa mit dem Titel «Seufzer». Sie wurden, ohne daß die Autorschaft bekannt war, im März 1904 im «*Shurnal dlja wsech*»[42] veröffentlicht.

Von meinen schriftlichen Arbeiten erinnere ich mich noch zweier Übersetzungen, die Lew Nikolajewitsch mir auftrug. Eine aus dem Deutschen: «Die Lehre der zwölf Apostel», die er überarbeitete, und eine aus dem Englischen: «Die Sekte der Bechaisten».

Zu meinen Veröffentlichungen zählen auch einige Aufsätze in Zeitungen. Am meisten beachtet wurden: mein Aufruf zu Spenden für die Hungernden vom 3. November 1891 sowie mein Brief an die Metropoliten und den Synod nach der Exkommunikation meines Mannes durch die Kirche, die mich zutiefst empört und betrübt hatte.[43] Außerdem wurden mein Aufsatz «Erinnerungen an Turgenjew» im «*Orlowski Westnik*»[44] und ein kritischer Artikel über Leonid Andrejew[45] publiziert.

Wenn ich etwas Nützliches geschrieben habe, so sind dies die sieben umfangreichen, gebundenen Hefte mit dem Titel «Mein Leben». In ihnen schildere ich mein ganzes langes Leben bis zum Jahr 1897.⁴⁶ Nachdem man mir nach dem Tod Lew Nikolajewitschs bar jeder gesetzlichen Grundlage den weiteren Zugang zum Historischen Museum in Moskau verweigerte, dem ich alle Dokumente, Tagebücher, Briefe, Notizhefte meines Mannes und meiner selbst übergeben hatte, konnte ich ohne jene Quellen die Arbeit an diesem Werk nicht fortsetzen, und drei Jahre meines ohnehin nur noch kurzen Lebens gingen für meine Arbeit verloren. Wer weiß denn mehr über das Leben Lew Nikolajewitschs als ich? Die Dokumente habe ich im Jahr 1894 zunächst zur Aufbewahrung ins Rumjanzew-Museum gegeben, später wurden sie, da dort Renovierungsarbeiten stattfanden, ins Historische Museum gebracht, wo sie sich bis zum heutigen Tage befinden, während die Entscheidung des Gerichts über ihr weiteres Schicksal erwartet wird.⁴⁷

VII

Im Sommer 1884 arbeitete Lew Nikolajewitsch viel auf dem Felde, mähte ganze Tage lang mit den Bauern und war, wenn er müde nach Hause kam, mißmutig und unzufrieden mit dem Leben seiner Familie. Dieses lief seinen Überzeugungen zuwider, und das quälte und erbitterte ihn. Einige Zeit träumte er davon, mit einer einfachen russischen Bauersfrau heimlich fortzugehen und ein neues Leben anzufangen, wie er selbst mir eingestand. Schließlich nahm er am Abend des 17. Juni, nach einem Disput wegen der Pferde, ein Bündel mit ein paar Habseligkeiten über die Schulter, sagte, er gehe fort, für immer, vielleicht nach Amerika, und verließ das Haus. Bei mir hatten gerade die Geburtswehen eingesetzt. Das Verhalten meines Mannes stürzte mich in Verzweiflung, und dieses zweifache Leid, das körperliche und das seelische, war unerträglich. Ich flehte zu Gott um den Tod. Um vier Uhr morgens kehrte Lew Nikolajewitsch zurück und legte sich, ohne nach mir zu sehen, auf dem Diwan unten in seinem Arbeitszimmer schlafen. Ungeachtet meiner furchtbaren Schmerzen ging ich zu ihm; er war erbittert und sagte nichts. Um sieben Uhr morgens wurde ich von unserer Tochter Sascha entbunden. Niemals konnte ich diese grauenvolle, helle Juninacht vergessen.

Ein weiteres Mal wollte mich Lew Nikolajewitsch im Jahr 1897 verlassen. Davon indessen wußte niemand etwas. Er schrieb mir einen Brief, der mir, seinem Wunsch entsprechend, erst nach seinem Tode übergeben wurde. Doch auch damals verließ er mich nicht.

Im Herbst desselben Jahres[48] erteilte mir Lew Nikolajewitsch die Vollmacht für alle Vermögensangelegenheiten einschließlich der Herausgabe seiner Werke. Unerfahren, ohne eine Kopeke Kapital begann ich von Grund auf das Verlagsgeschäft zu erlernen und mich um den Verkauf und die Subskriptionen der Werke L.N. Tolstois zu kümmern. Ich hatte unsere Güter zu verwalten und alle anderen Geschäfte zu führen. Wie schwierig war all dies neben der Sorge für die große Familie und ohne jegliche Erfahrung! Wiederholt hatte ich auch mit den Zensurbehörden zu tun und mußte deshalb nach Petersburg reisen.

Lew Nikolajewitsch rief mich in sein Arbeitszimmer und bat mich, sein gesamtes Vermögen einschließlich der Autorenrechte als mein Eigentum zu übernehmen. Ich fragte ihn, weshalb das nötig sei, da wir einander doch so nahestünden und Kinder hätten. Er antwortete, er halte Eigentum für ein Übel und wolle keines besitzen. «So willst du also dieses Übel mir, dem dir am nächsten stehenden Menschen, übergeben», antwortete ich und brach in Tränen aus. «Ich möchte dies nicht und werde nichts übernehmen.» Aus diesem Grund übernahm ich das Eigentum meines Mannes nicht, führte die Geschäfte gemäß seiner Vollmacht, und erst einige Jahre später erklärte ich mich mit der Aufteilung des Besitzes einverstanden, bei der im übrigen der Vater selbst bestimmte, welchen Anteil jedes der Kinder und welchen ich erhalten sollte. Auf die Autorenrechte an Werken, die nach 1881 geschrieben wurden, verzichtete er vollständig.[49] Die Rechte an seinen früheren Werken jedoch behielt er bis an sein Lebensende. Die Aufteilung des Besitzes war 1891 abgeschlossen, Jasnaja Poljana wurde dem jüngsten Sohn Wanetschka und mir zugesprochen.

In ebenjenem Jahr 1891 fand ein für mich wichtiges Ereignis statt. Im April reiste ich nach Petersburg, um die Freigabe des beschlagnahmten dreizehnten Bandes der Werkausgabe von L. N. Tolstoi, der unter anderem die verbotene «Kreutzersonate» enthielt, durch die Zensur zu erwirken. Ich wandte mich mit einem Gesuch an Zar Alexander III. Er erwies mir die Gnade, mich zu empfangen, und ordnete nach meiner Abreise die Freigabe des verbotenen Buches an, unter der Bedingung, daß die «Kreutzersonate» nicht als Einzelausgabe verkauft werde. Gleichwohl veröffentlichte jemand heimlich diese Erzählung, und Neider verleumdeten mich vor dem Zaren, indem sie behaupteten, ich hätte seinem Wunsch nicht entsprochen. Seine Majestät war verständlicherweise sehr ungehalten und sagte, wie mir die Gräfin Alexandra Andrejewna Tolstaja übermittelte: «Wenn ich mich in dieser Frau getäuscht habe, dann gibt es keine ehrlichen Menschen auf der Welt.» Von alldem erfuhr ich erst sehr viel später und konnte nicht mehr darlegen, wie es sich tatsächlich verhalten hatte. Dies betrübte mich sehr, um so mehr, als der Zar inzwischen verschieden war und so die Wahrheit nie erfuhr.

VIII

Das Jahr 1891 und die beiden darauffolgenden Jahre waren für uns besonders bedeutungsvoll wegen der Unterstützung unserer Familie für das russische Volk während der Hungersnot. Von den Nachrichten über dieses Unglück erschüttert, entschloß ich mich, in den Zeitungen einen Spendenaufruf für die Hungernden zu veröffentlichen. Und wie sehr freute ich mich über die warmherzige Anteilnahme jener guten Menschen, die uns großzügige Spenden zukommen ließen, denen oft ergreifende Briefe beigelegt waren. Ich war mit den vier kleinen Kindern in Moskau geblieben, und die Trennung von meinem Mann und den älteren Kindern, die den unterschiedlichsten gefahrvollen Situationen ausgesetzt waren, fiel mir überaus schwer.[50] Es tröstete mich allein die Tatsache, daß ich an diesem edlen Dienst teilhatte. Ich kaufte Waggonladungen von Brot, Erbsen, Zwiebeln und Sauerkohl, alles, was für die Garküchen benötigt wurde, die die Hungernden in den Dörfern versorgten. Um all dies bezahlen zu können, wurde mir in großer Menge Geld geschickt. Aus den Stoffen, die mir Fabrikanten bringen ließen, schnitt ich Wäschestücke zu, gab sie gegen geringen Lohn zum Nähen an bedürftige Frauen und sandte sie dorthin, wo die größte Not herrschte, zuallererst in die vom Typhus betroffenen Gebiete.

Man könnte annehmen, diese Beschäftigung habe Lew Nikolajewitsch zufriedenstellen können. Dem war zunächst auch so, aber schon bald war er auch davon enttäuscht und begann erneut von einer «großen Tat» zu träumen, wie er es in seinem Tagebuch ausdrückte. Die Familie war ihm eine Last, wenngleich er uns auch liebte. Über mich erboste er sich oft. Wir standen ihm bei der Verwirklichung seines Traumes von einem freien, neuen Leben, von einer «großen Tat» im Wege. Mitunter wurde er milder und notierte beispielsweise folgendes im Tagebuch: «Mit Sonja geht es gut. Gestern dachte ich, als ich sie mit Andrjuscha und Mischa beobachtete, welch gute Mutter und Ehefrau im althergebrachten Sinne sie doch ist.» Diese Einstellung, die er auch mir gegenüber von Zeit zu Zeit äußerte, tröstete mich, doch die beharrliche Ablehnung unseres ganzen Lebens quälte mich immer wieder und ließ mich verzweifeln.

Die Hilfe für die Hungernden kostete meinen Sohn Lew, der damals noch ein junger Student war und im Gouvernement Samara eigenständig die Hungerhilfe organisierte, beinahe das Leben. Seine Gesundheit war nach überstandenem Typhus geschwächt, und ich litt lange, da ich sein Leben schwinden sah. Er gesundete nach mehr als zweijähriger Krankheit, doch im Jahr 1895 starb unser jüngster Sohn Wanetschka im Alter von sieben Jahren. Er war der Liebling aller, dem Vater außergewöhnlich ähnlich, ein kluges, empfindsames Kind, nicht von dieser Welt, wie man über solche Kinder zu sagen pflegt. Dies war der größte Kummer meines Lebens, und lange konnte ich nicht Trost noch Ruhe finden. Zuerst verbrachte ich ganze Tage in Kirchen und Kathedralen, ich betete auch zu Hause und bei Spaziergängen im Garten, wo mich alles an die hagere, zarte Gestalt meines Knaben erinnerte. «Wo bist du, wo bist du, Wanetschka?» schrie ich bisweilen auf, konnte mein Unglück nicht fassen. Schließlich erkrankte ich schwer, nachdem ich neun Stunden in der Erzengel-Kathedrale zugebracht hatte (es war Fastenzeit) und auf dem Heimweg in die Chamownitscheski-Gasse zu Fuß im Regen durchnäßt worden war. Man erwartete bereits meinen Tod, doch in der Osternacht, beim Geläut der Kirchenglocken, kam ich zu mir und trat erneut in mein gramvolles Leben. Alle, die mich umgaben, besonders mein Mann und die beiden ältesten Töchter, waren außergewöhnlich schonungsvoll, gut und zartfühlend mit mir. Dies tröstete mich und tat mir wohl.

Im Frühling kam meine Schwester Tatjana Andrejewna Kusminskaja und nahm mich mit zu sich nach Kiew, das mich tief beeindruckte und in mir eine noch stärkere Neigung zum Gebet hervorrief. Meine niedergeschlagene und teilnahmslose Gemütsverfassung hielt auch den Sommer über an, doch unerwartet und zufällig befreite mich aus diesem Zustand die Musik. In jenem Sommer war ein bekannter Komponist und hervorragender Pianist unser Gast.[51] An den Abenden spielte er mit Lew Nikolajewitsch Schach und auf dessen und unser aller Bitte danach noch häufig Klavier. Bei den wunderbaren Klängen der Werke Beethovens, Mozarts, Chopins und anderer Komponisten, brillant vorgetragen, vergaß ich für kurze Augenblicke mein bitteres Leid und wartete ungeduldig auf die Abende, an denen ich die herrliche Musik wieder hören würde.

So ging der Sommer dahin, und im Herbst, zurück in Moskau, begann ich Unterricht bei einer Klavierlehrerin zu nehmen, mit meinen zweiundfünfzig Jahren wieder zu repetieren und mein Spiel zu vervollkommnen. Meine Erfolge waren gering, dazu war es zu spät. Doch ich besuchte Konzerte, und die Musik errettete mich vor der Verzweiflung. Lew Nikolajewitsch hat einmal über die Musik geschrieben: «Die Musik ist leiblicher Genuß für das Ohr. Zwar ist der Genuß weniger sinnlich als die Geschmacksempfindung des Essens, doch ist sie absolut kein Gefühl der Sittlichkeit.»

Diese Ansicht konnte ich nicht teilen. Er selbst weinte oft beim Spiel seiner Lieblingsstücke. Weint man denn bei der Befriedigung eines leiblichen Bedürfnisses? Auf mich wirkte die Musik immer trostreich und erhebend. Alle nichtigen, alltäglichen Unbilden verloren ihre Bedeutung.

Bei den Klängen der Sonate mit dem Trauermarsch von Chopin oder einiger Sonaten von Beethoven und vieler anderer herrlicher Musikwerke verlangte es mich oft danach zu beten, zu vergeben, zu lieben und über Höheres, Geistiges und Geheimnisvoll-Schönes nachzusinnen, wie jene Klänge, die nichts Bestimmtes besagen, unendlich und herrlich, träumerisch und beglückend sind.

IX

Im August[52] reiste ich mit Lew Nikolajewitsch zu seiner Schwester Maria Nikolajewna ins Kloster bei Schamardino[53]. Von dort fuhren wir weiter nach Optina Pustyn[54], wo ich nach Beichte und Fasten das Abendmahl empfing. Während ich beichtete, ging Lew Nikolajewitsch vor der Zelle des Beichtvaters Gerassim auf und ab, trat aber nicht ein.

Nach Wanetschkas Tod war das Leben unserer Familie nicht mehr so froh wie zuvor. Nach und nach heirateten die älteren Kinder, und das Haus leerte sich. Besonders schwer war die Trennung von den Töchtern. Die Gesundheit Lew Nikolajewitschs wurde schwächer, und im September 1901 verordnete ein Ärztekonzil einen Aufenthalt im Süden, auf der Krim. Die Gräfin Panina besaß die Liebenswürdigkeit, uns ihre prächtige Villa in Gaspra zur Verfügung zu stellen, wo wir und die fast vollzählige Familie etwa zehn Monate verbrachten. Der Gesundheitszustand Lew Nikolajewitschs wurde allerdings nicht besser, sondern verschlechterte sich sogar. Er hatte in Gaspra eine Infektionskrankheit nach der anderen, und mit Schmerz im Herzen denke ich an jene Zeit zurück, in der ich fast zehn Monate lang Nacht für Nacht am Bett meines kranken Mannes sitzend verbrachte. Ich wurde dabei von meinen Töchtern, Söhnen, den Ärzten und Freunden und vor allem von unserem Sohn Serjosha unterstützt und abgelöst. Was habe ich in diesen Nächten nicht durchgemacht und nachgedacht!

Nach Moskau kehrten wir anschließend nicht mehr zum ständigen Aufenthalt zurück, denn ich hatte gemeinsam mit den Ärzten entschieden, daß es für Lew Nikolajewitsch besser sei, in seiner vertrauten und geliebten Umgebung in Jasnaja Poljana zu leben.

Nachdem wir nach der Rückkehr von der Krim beschlossen hatten, auf dem Lande zu wohnen, verlebten wir die nächsten Jahre ruhig und friedlich; jeder ging seiner Beschäftigung nach. Ich schrieb unermüdlich an meinen Erinnerungen unter dem Titel «Mein Leben», reiste gelegentlich in Angelegenheiten der Publikation von Lew Nikolajewitschs Werken nach Moskau, suchte dort an den Vormittagen das Historische Museum auf und exzerpierte aus den Tagebüchern, Briefen und Notizbüchern das für meine Arbeit notwendige Material. Diese Arbeit im Turmzimmer des Museums, in völliger Abgeschiedenheit, umgeben von solch interessanten Dokumenten, bereitete mir großes Vergnügen. Ich habe die Manuskripte nicht in die notwendige Ordnung gebracht, da ich annahm, daß man dies auch ohne mich tun werde. Ich hielt es für dringlicher, meine Erinnerungen niederzuschreiben, da ich nicht auf ein langes Leben und ein gutes Gedächtnis hoffte.

Darüber hinaus widmete ich mich damals leidenschaftlich der Malerei, die mich immer fasziniert hatte. Dies geschah aufgrund folgenden Umstands: In Petersburg wurde im Taurischen Palais eine überragende und überaus interessante Ausstellung von Porträts aller Epochen gezeigt. Man wandte sich auch an uns, mit der Bitte, unsere Familienporträts aus Jasnaja Poljana zur Verfügung zu stellen. Die Vorstellung der nackten Wände in unserem Saal schien mir entsetzlich, und so begann ich mit der mir eigenen Beherztheit, die Porträts vor der Übergabe zu kopieren. Ich hatte die Malerei nie erlernt, liebte sie jedoch ebenso wie jede andere Kunstrichtung, war deshalb furchtbar aufgeregt und arbeitete ganze Tage, mitunter auch Nächte hindurch. Wie zuvor mit der Musik, beschäftigte ich mich nun ebenso überschwenglich mit der Kunst. Lew Nikolajewitsch sagte scherzhaft, ich sei an einer Krankheit namens «Porträtitis» erkrankt und er fürchte um mein geistiges Befinden. Von all meinen Versuchen gelang die Kopie des Porträts Lew Nikolajewitschs von Iwan Kramskoi[55] am besten. Später malte ich nach der Natur, versuchte mich in Landschafts- und Blumenbildern, doch meine starke Kurzsichtigkeit behinderte mich in vielem, vor allem aber war ich unzufrieden wegen der Unzulänglichkeit meiner Arbeit. Doch ich bereue nicht, daß ich mich in vorgerücktem Alter, sei es auch unzulänglich, mit der Musik und der Kunst beschäftigt habe. Erst dann kann man die Kunst verstehen, wenn man sich, wenngleich unvollkommen, selbst mit ihr befaßt hat.

Meine letzten Studien waren Aquarellzeichnungen der gesamten Flora und aller Pilzarten der Wälder von Jasnaja Poljana.

X

Im Jahr 1904 hatte ich schwer daran zu tragen, daß mein Sohn Alexej in den Krieg gegen Japan zog.[56] Da ich den Krieg als solchen ebenso wie jegliches Töten in meinem Inneren zutiefst ablehnte, begleitete ich ihn mit besonders tiefem Schmerz im Herzen nach Tambow[57] und sah, zusammen mit den anderen Müttern, wie die Züge mit den Soldaten – unseren dem Tode geweihten Kindern – sich in Bewegung setzten.

Ein freudiges Erlebnis in unserer Familie war dagegen im Jahr 1905 die Geburt des einzigen Kindes unserer Tochter Tatjana Lwowna Suchotina. Diese Enkelin wurde der Liebling Lew Nikolajewitschs und der gesamten Familie.

Im Jahr 1906 hatte ich eine schwere Operation zu überstehen, der ich mich in Jasnaja Poljana bei Professor W.F. Snegirjow unterzog. Ruhig bereitete ich mich auf den Tod vor, und die bitteren Tränen all jener, die mich umsorgten, als sie von mir Abschied nahmen, taten mir wohl. Ein merkwürdiges Gefühl erfaßte mich, als ich durch den Äther, den man mich einatmen ließ, einschlief: Es war etwas Bedeutungsvolles und Neues. Das gesamte komplizierte äußere Leben, besonders jenes der Städte, lief wie ein schnell sich veränderndes Panorama vor meinem inneren Auge ab. Wie nichtig erschien mir die eitle Rastlosigkeit der Menschen! «Was ist denn wichtig?» schien ich mich selbst zu fragen. Nur eines: Wenn Gott uns nun einmal auf die Erde sendet und wir leben müssen, dann ist das Wichtigste, sich gegenseitig soviel als möglich zu helfen. Sich gegenseitig zu leben helfen. Ich denke auch jetzt noch so.

Die Operation verlief gut; das Schicksal, das beschlossen hatte, meinem Leben ein Ende zu machen, schien sich eines anderen besonnen zu haben und streckte seine Hand nach unserer Tochter Mascha aus. Ich gesundete, doch Mascha, dieses liebe, sich selbst aufopfernde, geistige Geschöpf, starb zweieinhalb Monate nach meiner Operation in unserem Hause an Lungenentzündung. Und dieser Schmerz legte sich wie ein schweres Joch auf unser Leben und unsere alternden Herzen. Die einstigen Unbilden unseres Lebens, die Unannehmlichkeiten und Vorwürfe, fanden vorläufig ein Ende, und wir fügten uns dem Schicksal. Die Zeit verging, wie gewöhnlich, bei der Arbeit; zur Erholung spielte Lew Nikolajewitsch mit seinen Kindern und Freunden Karten, besonders Wint, ein Spiel, das er sehr liebte. Des Morgens schrieb er, unternahm täglich Ausritte und führte ein sehr ruhiges und rechtes Leben. Er wurde allerdings häufig von Besuchern behelligt, die ihn ermüdeten, von Bittstellern und Briefen, in denen man ihm vorwarf, sein Leben stimme nicht mit seinen Überzeugungen überein, oder ihn um Geld, Vermittlung einer Anstellung oder ähnliches bat.

Die Vorwürfe und die Einmischung Fremder in unser friedliches Familienleben zerstörten es denn auch. Schon zuvor hatte sich allmählich der Einfluß fremder Personen eingeschlichen und nahm gegen Ende des Lebens Lew Nikolajewitschs beängstigende Ausmaße an. So versuchte man, ihm Angst einzuflößen, indem man behauptete, die russische Regierung werde alle seine Schriften beschlagnahmen lassen. Unter diesem Vorwand wurden sie aus Jasnaja Poljana fortgebracht, und aus diesem Grunde konnte Lew Nikolajewitsch nicht mehr an ihnen arbeiten, da er nicht *alle* Papiere zur Hand hatte. Später gelang es mir mit großer Mühe, sieben umfangreiche Hefte der Tagebücher meines Mannes zurückzuerhalten, die sich heute bei unserer Tochter Sascha in Verwahrung befinden. Dies erschwerte die Beziehungen zu jenem Mann, der sie zuvor verwahrte, und diese Person stellte daraufhin seine täglichen Besuche bei uns ein.[58]

XI

Im Jahr 1895 schrieb Lew Nikolajewitsch einen Brief, in dem er in Form einer Bitte an seine Erben dem Wunsch Ausdruck verlieh, die Urheberrechte an seinen Werken der Allgemeinheit zu überlassen. Die Sichtung und Herausgabe seiner Manuskripte nach seinem Tode übertrug er Nikolai Strachow, Tschertkow und mir.[59] Dieser Brief wurde von unserer Tochter Mascha aufbewahrt und später vernichtet. An dessen Stelle wurde im September 1909 in Tschertkows Haus in Krekschino, unweit Moskaus, wo Lew Nikolajewitsch damals gemeinsam mit anderen Personen zu Besuch war, ein Testament aufgesetzt.[60] Doch dieses Testament erwies sich als rechtlich fehlerhaft und daher nicht bindend, wie die «Freunde» herausfanden.

Unsere Rückfahrt aus Krekschino über Moskau nach Hause war grauenvoll. Einer der «Nahestehenden» hatte durch die Presse verlautbaren lassen, daß und zu welcher Stunde Lew Nikolajewitsch an jenem Tag auf dem Kursker Bahnhof sein werde. Es versammelten sich mehrere tausend Menschen zu unserem Geleit, und wir wurden von der riesigen Menge beinahe erdrückt. In manchen Minuten schien mir gar, die ich am

Arm meines Mannes ging und aufgrund eines schmerzenden Beines hinkte, ich bekäme keine Luft und würde augenblicklich hinstürzen und sterben. Trotz der frischen Herbstluft umgab uns eine drückendheiße Atmosphäre.

Auf Lew Nikolajewitschs Gesundheitszustand wirkte dies alles sich sehr nachteilig aus. Nachdem wir den Bahnhof Schtschokino passiert hatten, begann er bereits unklar zu sprechen und nahm von dem, was ihn umgab, absolut nichts mehr wahr. Zu Hause angekommen, fiel er nach wenigen Minuten in tiefe Bewußtlosigkeit, die sich später noch einmal wiederholte. Glücklicherweise wurden wir von einem Arzt begleitet. Nach diesem Ereignis litt ich mehr und mehr unter schwerer nervlicher Anspannung und sah Tag und Nacht nach dem Befinden meines Mannes. Wenn er allein ausritt oder einen Spaziergang unternahm, wartete ich unruhig auf seine Rückkehr, da ich befürchtete, er werde erneut das Bewußtsein verlieren oder an einem Ort, an dem man ihn nur schwer finden könne, stürzen.

Aufgrund dieser Aufregungen, verbunden mit der schwierigen und verantwortungsvollen Aufgabe der Herausgabe der Werke L.N. Tolstois, wurde ich immer nervöser und unruhiger und meine Gesundheit vollends zerrüttet. Ich hatte das seelische Gleichgewicht verloren und machte durch meinen Zustand auch meinem Mann das Leben schwer.[61] Zugleich begann Lew Nikolajewitsch nun immer wieder zu drohen, er werde das Haus verlassen, sein «naher» Freund aber bereitete inzwischen mit dem Rechtsanwalt M.[62] sorgfältig ein neues Testament vor, das rechtlich Bestand haben sollte und das von Lew Nikolajewitsch am 23. Juli 1910, im Wald auf einem Baumstumpf sitzend, abgeschrieben wurde.[63]

Dieses Testament wurde nach seinem Tode auch anerkannt.

In seinem Tagebuch aus jener Zeit notierte er, unter anderem, folgendes: «Sehr klar habe ich meinen Fehler erkannt: Ich hätte alle Erben zusammenrufen und ihnen meinen Willen darlegen müssen und hätte dies nicht heimlich tun dürfen. Ich habe dies X geschrieben, was ihn sehr erbitterte.»[64]

Am 5. August schrieb er über mich: «Die ständige Heimlichkeit bedrückt mich, und ich habe Angst um sie.»

Am 10. August heißt es: «Es ist gut, sich schuldig zu fühlen, und ich fühle mich schuldig.» Und weiter: «Der Umgang mit allen fällt mir schwer, und ich vermag es nicht, den Tod nicht zu wünschen.»

Es ist augenscheinlich, daß der auf ihn ausgeübte Druck ihn quälte. Einer seiner Freunde, P.I.B-w.[65], war der Überzeugung, man solle kein Geheimnis aus dem Testament machen, was er Lew Nikolajewitsch auch sagte. Zunächst schloß er sich auch der Meinung jenes wahren Freundes an, doch dieser reiste ab, und Lew Nikolajewitsch ordnete sich wieder dem Einfluß anderer unter, wenngleich er offenbar auch bisweilen darunter litt. Ihn von diesem Einfluß zu erretten, stand nicht in meiner Macht, und es begann für Lew Nikolajewitsch und mich die grauenvolle Zeit eines heftigen Kampfes, durch den ich noch schwerer erkrankte. Die Leiden meines gequälten, brennenden Herzens umnebelten mein Urteilsvermögen, und auf seiten Lew Nikolajewitschs wurde ausdauernd und zielgerichtet auf das Bewußtsein des an Gedächtnis und Kräften zunehmend schwächer werdenden Greises eingewirkt. Um den mir liebsten Menschen wurde eine Atmosphäre der Verschwörung geschaffen, mit heimlich empfangenen und nach Lektüre dem Absender zurückzusendenden Briefen und Aufsätzen, mit heimlichen Besuchen und Zusammenkünften im Wald, bei denen Rechtsakte abgefaßt wurden, die Lew Nikolajewitsch im Grundsatz ablehnte. Nach deren Niederschrift konnte er mir und seinen Söhnen nicht mehr ruhig in die Augen blicken, da er zuvor noch niemals irgend etwas vor uns geheimgehalten hatte. Es war ihm unerträglich, daß dies im Leben das erste Geheimnis zwischen uns war. Wenn ich, die ich die Heimlichkeit spürte, fragte, ob ein Testament abgefaßt werde und warum man dies vor mir geheimhalte, verneinte man dies oder schwieg. Ich schenkte dem Glauben. Dies bedeutete, daß es ein anderes Geheimnis geben müsse, von dem ich nichts wußte, und mich überkam Verzweiflung, denn ich fühlte beständig, daß mein Mann zielbewußt gegen mich aufgebracht wurde, und daß eine furchtbare, schicksalhafte Entwicklung sich vollzog. Lew Nikolajewitsch drohte immer öfter, das Haus zu verlassen, und dies quälte mich nur noch mehr und verschlimmerte meinen krankhaft-nervösen Zustand.

Ich werde nicht ausführlich beschreiben, wie Lew Nikolajewitsch das Haus verließ. Es ist genug darüber geschrieben worden, und es wird weiterhin darüber geschrieben werden, den wahren Grund aber wird nie jemand erfahren. Mögen *seine* Biographen ihn ausfindig machen.

Als ich in dem mir von unserer Tochter Sascha übergebenen Brief Lew Nikolajewitschs las, daß er für immer fortgegangen sei, erkannte ich klar, daß es – nach allem, was vorgefallen war – ohne ihn kein Leben für mich geben könne, und ich entschied mich sogleich, meinen Leiden ein Ende zu setzen, indem ich mich in den Teich stürzte, in dem nicht allzulange zuvor ein Mädchen und dessen kleiner Bruder ertrunken waren. Aber ich wurde gerettet, und als Lew Nikolajewitsch von alldem erfuhr, weinte er bitterlich, wie mir seine Schwester Maria Nikolajewna in einem Brief mitteilte; zur Rückkehr allerdings konnte er sich nicht entschließen.

Nachdem Lew Nikoaljewitsch mich verlassen hatte, erschien in den Zeitungen ein Artikel, in dem einer der «am nächsten stehenden» Freunde seine Freude über dieses Ereignis ausdrückte.[66]

XII

Alle unsere Kinder kamen nach Jasnaja Poljana, sie konsultierten einen Nervenarzt und stellten mir eine Pflegerin zur Seite. Fünf Tage lang aß ich nichts und trank nicht einen Tropfen Wasser.

Ich empfand keinen Hunger, doch der Durst quälte mich. Am fünften Tag überredete mich meine Tochter Tanja, eine Tasse Kaffee zu trinken, indem sie sagte, wenn Vater mich rufen ließe, wäre ich zu schwach, um zu ihm zu reisen.

Am nächsten Morgen erhielten wir aus der Redaktion der Zeitung «*Russkoje slowo*»[67] ein Telegramm des Inhalts, daß Lew Nikolajewitsch in Astapowo[68] krank, mit 40 Grad Fieber, darniederliege. Der ihm «Nahestehende» hatte bereits vor uns ein Telegramm erhalten und war dorthin gereist, hatte den Aufenthaltsort vor der Familie jedoch streng geheimgehalten. Von Tula nahmen wir einen Sonderzug und reisten nach Astapowo. Unserem Sohn Serjosha, der zufällig auf dem Weg zu seinem Gut gewesen war, war von unserer Tochter Sascha durch seine Frau ein Telegramm nachgesandt worden, so daß er sich bereits beim Vater aufhielt.

Es begannen nun für mich neue, grausame Leiden: Um meinen dahinscheidenden Mann hatte sich eine Gruppe fremder und fernstehender Menschen versammelt, mich aber, die Ehefrau, die achtundvierzig Jahre mit ihm zusammengelebt hatte, ließ man nicht zu ihm. Die Türen wurden verschlossen, und wenn ich durch das Fenster nach meinem Mann sehen wollte, wurde dieses verhängt. Zwei Pflegerinnen, die mir zur Seite standen, hielten mich an beiden Armen fest, so daß ich mich nicht frei bewegen konnte. Einmal ließ Lew Nikolajewitsch unsere Tochter Tanja zu sich rufen und fragte sie, als sie allein waren, ganz genau nach meinem Befinden; er ging davon aus, ich sei in Jasnaja Poljana. Bei jeder Frage weinte er, und meine Tochter sagte zu ihm: «Laß uns nicht von Mama sprechen, das regt dich zu sehr auf.» – «Ach was», erwiderte er, «dies ist mir das Wichtigste von allem...» Dann sagte er ihr noch undeutlich: «Vieles stürzt auf Sonja nieder, wir haben schlecht gehandelt.»

Niemand sagte ihm, daß ich gekommen sei, obwohl ich alle beständig darum anflehte. Wer derart grausam war, ist schwer zu sagen. Alle fürchteten, seinen Tod zu beschleunigen, wenn der Kranke sich aufrege; dies war auch die Ansicht der Ärzte. Doch wer kann wissen, ob nicht das Wiedersehen mit mir und meine gewohnte Fürsorge seinen Zustand verbessert hätten? In einem seiner Briefe an mich, die ich jüngst veröffentlicht habe, schreibt Lew Nikolajewitsch, er fürchte, zu erkranken, wenn ich nicht bei ihm sei.

Die Ärzte ließen mich erst zu meinem Mann, als er kaum mehr atmete; er lag bewegungslos, mit bereits geschlossenen Augen auf dem Rücken. Ich sprach ihm leise, voller Zärtlichkeit ins Ohr, in der Hoffnung, er könne es noch hören, daß ich die ganze Zeit in Astapowo gewesen sei und ihn bis zum Schluß geliebt hätte... Ich erinnere mich nicht, was ich noch sagte, doch zwei tiefe Seufzer, offenbar mit großer Mühe hervorgestoßen, antworteten auf meine Worte, danach war alles still...

Die folgenden Tage und Nächte brachte ich bei dem Verstorbenen zu, und in mir war alles Leben erstarrt. Der Leichnam wurde nach Jasnaja Poljana überführt, es kamen viele Menschen zusammen, doch ich sah, ja ich erkannte niemanden und erkrankte am Tag nach der Bestattung an derselben Krankheit, an Lungenentzündung, wenngleich in schwächerer Form, und lag achtzehn Tage darnieder.

Eine große Beruhigung war mir in jener Zeit die Anwesenheit meiner Schwester Tatjana Andrejewna Kusminskaja und der Nichte meines Mannes, Warwara Valerjanowna Nagornaja. Meine trauernden Kinder waren zu ihren Familien gefahren.

XIII

Nun begann mein einsames Leben in Jasnaja Poljana, und jene Energie, die einst dem Leben zugewandt war, richtete und richtet sich nun

darauf, mein gramvolles Dasein würdig und in
Demut dem Willen Gottes ergeben zu ertragen.
Ich bin bestrebt, mich nur Dingen zu widmen,
die dem Andenken Lew Nikolajewitschs dienen.

Ich lebe auf Jasnaja Poljana, hüte das Haus mit
der Einrichtung, wie sie zu Lebzeiten Lew Nikolajewitschs war, und pflege sein Grab. Für mich
selbst habe ich zweihundert Dessjatinen[69] Land
behalten, mit dem Apfelhain und einem Teil jener Pflanzungen, mit denen wir einst so liebevoll
unsere Besitzungen verschönerten. Den größten
Teil unserer Ländereien (vierhundertfünfund-
siebzig Dessjatinen), samt den wohlgepflegten
und herrlichen Wäldern, habe ich an meine
Tochter Alexandra Lwowna verkauft, damit sie
ihn den Bauern übergebe.

Auch habe ich mein Moskauer Haus der Stadt
verkauft,[70] ebenso wie die letzte von mir heraus-
gegebene Werkausgabe des Grafen Lew Nikolajewitsch Tolstoi, und habe die Gelder sämtlich
meinen Kindern übergeben. Ihrer und der Enkel
sind so viele! Die Ehegatten und mich selbst ein-
geschlossen, zählt unsere gesamte Familie acht-
unddreißig Personen, und meine Hilfe erwies
sich daher bei weitem nicht als ausreichend.

Tiefempfundene Dankbarkeit bringe ich in
meinem Herzen allezeit Seiner Majestät für die

mir gewährte Pension dar, mit deren Hilfe ich nicht in Armut leben muß und das Anwesen Jasnaja Poljana erhalten kann.

Drei Jahre sind seither vergangen. Voller Trauer betrachte ich die Zerstörung Jasnaja Poljanas, muß zusehen, wie die von uns gepflanzten Bäume gefällt werden und die Schönheit unseres Ortes allmählich zerstört wird, nachdem alles in den Besitz der Holzhändler und Bauern überging, unter denen es so oft zu Hader des Landbesitzes oder des Waldes wegen kommt. Was wird nur nach meinem Tode mit dem Gut und dem Hause werden?

Fast jeden Tag gehe ich zum Grab und danke Gott für jenes Glück, das mir in früheren Tagen geschenkt war. Meines Mannes und meine letzten Qualen sehe ich als Prüfung und Buße der Sünden vor dem Tode. Dein Wille geschehe![71]

Gräfin Sofja Tolstaja

28. Oktober 1913 / Jasnaja Poljana

ANMERKUNGEN

EINE FRAGE DER SCHULD

Provoziert durch Lew Tolstois skandalträchtige Erzählung *Die Kreutzersonate* (1890), verfaßte Sofja Tolstaja diesen «Gegenroman» in den Jahren 1892–1893, veröffentlichte ihn jedoch nicht. 1994 – fünfundsiebzig Jahre nach ihrem Tod – wurde der Roman erstmals im Original publiziert (siehe Nachwort).

1 Ludwig Büchner (1824–1899), dt. Philosoph, Vertreter des naturwissenschaftlichen Materialismus. Ludwig Feuerbach (1804–1872), dt. Philosoph, entwickelte eine religionskritische Anthropologie und hatte starken Einfluß auf die atheistischen Strömungen des 19. Jh., insbesondere den Marxismus-Leninismus.
2 Fjodor Iwanowitsch Tjuttschew (1803–1873), russ. Lyriker.
3 Zitat aus dem gleichnamigen Gedicht Tjuttschews von 1849 in der Übertragung von Ludolf Müller.
4 Frz. «Ich fürchte, ich liebe den Fürsten.»
5 Von frz. «dormir», «schlafen»: Reisewagen mit Liegeplatz.
6 Früheres russ. Längenmaß. 1 Werst entspricht 1,067 Kilometern.
7 Frz. «Arme Kleine!»

8 Frz. «Morgenmantel».
9 Frz. «Die arme Kleine leidet».
10 Organ der begrenzten lokalen Selbstverwaltung nach der Gouvernementsreform von 1864.
11 Kaukasisches Gebirgspferd.
12 Alphonse-Marie-Louis Prat de Lamartine (1790–1869), frz. Schriftsteller. Inspiriert vom frühen Tod seiner Geliebten, verfaßte er die *Méditations poétiques* (1820), einen Band romantischer Dichtung, der ihn über die Grenzen Frankreichs hinaus bekannt machte.
13 Kopf und Schultern bedeckender Spitzenschleier.
14 Von arab. «*chilat*»: mantelartiges Gewand, von einem breiten Gürtel zusammengehalten.
15 Frz. «Nein, nie werde ich mich entschließen, zu dieser Stunde und in dieser Kleidung bei Ihnen zu erscheinen.» – «Sie wollen mich zur Verzweiflung bringen!» – «Und was sollte Ihre tugendhafte Frau davon halten?»
16 Frz. «allein», «unter vier Augen».
17 Frz. «Die Nacht ist das geheimnisvolle Buch der Nachdenklichen, Verliebten und Dichter. Sie allein verstehen es, darin zu lesen, sie allein sind im Besitz seines Schlüssels. Dieser Schlüssel ist die Unendlichkeit.»
18 Frz. «Die stärksten Fähigkeiten jedes Menschen sind jene, in denen er sich geübt hat.» Aus: Seneca, *De providentia* (*Über die Vorsehung*), 4, 13; im Original auf frz. zitiert. Das lat. Zitat lautet: «*id in quoque solidissimum est quod exercuit.*»
19 Feine Klöppelspitzen aus Rohseide mit Blumen- und Figurenmustern.
20 Mit einem Spiegel geschmückter Wandpfeiler zwischen zwei Fenstern.

21 Frz. «Aber in der Menge findet sich doch immer einer, der Sie interessiert?» – «Ja, ringsum ist eine Menge, aber für mich gibt es keinen.» – «Ein einziger fehlt Ihnen, und alles ist menschenleer.» Der letzte Satz ist ein Zitat aus Lamartines Gedicht *L'isolement* (vgl. Anm. 12).
22 Frz. «Er ist ein junger Mann, und ich sage Ihnen, daß sich das nicht schickt; Sie lassen es ständig an Takt mangeln.»
23 Der Ehemann liebt eine gesunde Frau und der Bruder eine reiche Schwester.
24 Griech. Philosoph, Stoiker (um 50–140).
25 Frz. «Und was hat diese Intimität mit dem Verwalter zu bedeuten?»
26 Frz. «… er ist fast ein Lakai».
27 Frz. «Ich bin zu alt dafür, meine Teuerste.»
28 Henri-Frédéric Amiel (1821–1881), schweiz. Schriftsteller, errang durch sein umfangreiches Tagebuch (veröffentlicht postum 1883) Ruhm als Beobachter und Analytiker der menschlichen Seele.
29 Auf Paßgang abgerichtetes Reitpferd.
30 Frz. «Hören Sie mich!»
31 Griech. Insel, auch Santorin genannt, im Ägäischen Meer.

KURZE AUTOBIOGRAPHIE DER GRÄFIN
SOFJA ANDREJEWNA TOLSTAJA

Dieser Text wurde auf Anregung des Literaturhistorikers Semjon Afanassjewitsch Wengerow (1855–1920) verfaßt und erschien in der Zeitschrift *Natschala. Shurnal istorii literatury i istorii obschtschestwennosti* («Anfänge. Zeitschrift für

Literatur- und Gesellschaftsgeschichte»), 1921/1, S. 131–185. Eine gekürzte Fassung erschien 1928 unter dem Titel *Meine Ehe mit Leo Tolstoi* in deutscher Übersetzung.

1 Im Nordwesten Moskaus gelegene Ortschaft.
2 Schlacht im Siebenjährigen Krieg (1756–1763) am 25. August 1758 zwischen der preuß. und der russ. Armee, die mit dem Sieg der ersteren endete.
3 Der russische Feldzug Napoleons von 1812 (in Rußland sogenannter «Vaterländischer Krieg»), endete nach dem Brand von Moskau mit der Niederlage Frankreichs.
4 Ortschaft im Gouvernement Tula, ca. 25 Kilometer von Jasnaja Poljana, dem Landgut der Familie Tolstoi, entfernt.
5 Am 7. September 1812 besiegte Napoleon die russ. Armee unter General Kutusow. Beide Seiten erlitten schwere Verluste.
6 Eine Abwandlung des Namens Islenew. Die Herkunft aus illegitimer Verbindung, die aus der abgewandelten Form des Familiennamens ersichtlich ist, bedeutete, daß die Nachkommen die Adelsprivilegien verloren.
7 Andrej Jewstafjewitsch (1808–1868) und Ljubow Alexandrowna Behrs (1828–1886) hatten drei Töchter und fünf Söhne: Jelisaweta (1843–1919), Sofja (1844–1919), Alexander (1845–1918), Tatjana (1846–1925), Pjotr (1849–1910), Wladimir (1853–1874), Stepan (1855–1909), Wjatscheslaw (1861–1907).
8 Im März 1861 unterzeichnete Zar Alexander II. das Gesetz über die Aufhebung der Leibeigenschaft in Rußland.
9 Roman des russ. Schriftstellers Iwan Sergejewitsch Turgenjew (1818–1883), der 1862 veröffentlicht wurde.

10 Ortschaft im Gouvernement Tula, ca. 50 Kilometer von Jasnaja Poljana entfernt.
11 Maria Nikolajewna Tolstaja (1830-1912), Schwester Tolstois. Nach der Trennung von ihrem Mann lebte sie mehrere Jahre im Ausland, u.a. in Algier.
12 In der Familie Behrs ging man davon aus, daß Tolstoi in die älteste Tochter verliebt sei, und erwartete, daß er dieser einen Heiratsantrag machen werde.
13 Tatjana Alexandrowna Jergolskaja (1792-1874), entfernte Verwandte der Familie Tolstoi und nach dem Tod der Mutter Erzieherin Lew Nikolajewitschs und seiner Geschwister.
14 Michail Nikiforowitsch Katkow (1818-1887), russ. Publizist. Herausgeber des *Russki westnik* («Russischer Bote»), einer der wichtigsten Zeitschriften für Literatur und Gesellschaftspolitik, die 1856-1906 zuerst in Moskau, später in St. Petersburg erschien.
15 Von russ. «*dekabr*»: «Dezember». Teilnehmer eines Aufstandes junger Aristokraten und Offiziere am 26. Dezember 1825 in St. Petersburg. Ziel des Aufstandes war die Errichtung einer Republik in Rußland, er wurde jedoch rasch niedergeschlagen. Fünf der Aufständischen wurden hingerichtet, die anderen nach Sibirien verbannt.
16 Die ersten beiden Teile des Romans wurden 1865 und 1866 unter dem Titel *Das Jahr 1805* in der Zeitschrift *Russki westnik* veröffentlicht.
17 Alexej Michailowitsch Shemtschushnikow (1821-1908), russ. Dichter. Iwan Sergejewitsch Aksakow (1823-1886), russ. Publizist.
18 Alexandra Andrejewna Tolstaja (1817-1904), Vertraute Tolstois und Cousine seines Vaters. Hofdame der Tochter des Zaren Nikolaus I., Großfürstin Maria Ni-

kolejewna, 1874 durch ein Reskript Alexanders II. in die Zahl der «Damen des hl. Katharinenordens» aufgenommen.

19 Frz. «Glückliche Völker haben keine Geschichte».
20 Nikolai Nikolajewitsch Strachow (1828-1896), russ. Philosoph und Literaturkritiker, langjähriger Freund der Familie Tolstoi.
21 Edmond About (1828-1885), frz. Schriftsteller.
22 Frz. «Eines des bemerkenswertesten Bücher unserer Zeit... Dies ist ein großes Werk eines großen Schriftstellers, und es ist das wahre Rußland.»
23 Michail Jewgrafowitsch Saltykow-Schtschedrin (1826-1889), russ. Schriftsteller.
24 Wassili Jakowlewitsch Mirowitsch (1740-1764), Unterleutnant des Smolensker Infanterieregiments, der für seinen Versuch, den auf Befehl der Zarin Elisabeth seit früher Jugend in der Festung Schlüsselburg gefangengehaltenen Zaren Iwan VI. zu befreien, zum Tode verurteilt wurde.
25 Am 9. November 1873 verstarb der anderthalbjährige Sohn der Tolstois, Pjotr, am 20. Februar 1875 der knapp einjährige Nikolai und am 30. Oktober 1875 die Tochter Warwara nur wenige Stunden nach ihrer Geburt. Tatjana Alexandrowna Jergolskaja (vgl. Anm. 13) starb am 20. Juni 1874, Pelageja Iljinitschna Juschkowa, eine Tante Lew Tolstois, am 22. Dezember 1875.
26 Kumys: Nationalgetränk der asiatischen Steppenvölker aus vergorener Stutenmilch, das als Stärkungsmittel bei unterschiedlichen Krankheiten galt.
27 Wladimir Alexandrowitsch Sollogub (1813-1882), russ. Schriftsteller.
28 Afanassi Afanssewitsch Fet (1820-1892), russ. Dichter und Übersetzer.

29 Ilja Jefimowitsch Repin (1844-1930), Nikolai Nikolajewitsch Ge (1831-1894) und Valentin Alexandrowitsch Serow (1865-1911), russ. Maler; Ilja Jakowlewitsch Ginsburg (1859-1939), Pawel (auch: Paolo) Petrowitsch Trubezkoi (1866-1938) und Naum Lwowitsch Aronson (1872-1943), russ. Bildhauer.

30 Sergej, genannt Serjosha (1863-1947); Tatjana, genannt Tanja, verheiratete Suchotina (1864-1950); Ilja, genannt Iljuscha (1866-1933); Lew, genannt Ljolja (1869-1945); Maria, genannt Mascha, verheiratete Obolenskaja (1871-1906); Pjotr, genannt Petja (1872-1873); Nikolai, genannt Nikoluschka (1874-1875); Warwara (1875-1875); Andrej, genannt Andrjuscha (1877-1916); Michail, genannt Mischa (1879-1944); Alexej, genannt Aljoscha (1881-1886); Alexandra, genannt Sascha (1884-1979); Iwan, genannt Wanetschka (1888-1895).

31 Engl. Schriftsteller (1824-1889), dessen Roman *The Woman in White* (*Die Frau in Weiß*) 1860 veröffentlicht wurde.

32 Das Haus in der Moskauer Chamownitscheski-Gasse erwarb Lew Tolstoi 1882.

33 Gemeint ist Wladimir Grigorjewitsch Tschertkow (1854-1936), Freund und Anhänger Tolstois, seit 1884 verantwortlich für den Verlag *Posrednik* («Der Mittler»), später Nachlaßverwalter und Herausgeber der Werkausgabe Tolstois.

34 Vgl. Anm. 25.

35 Alexej Pawlowitsch Bobrinski (1826-1894), Gutsbesitzer im Gouvernement Tula, 1871-1874 Minister für Transportwesen.

36 Lord Radstock (ursprüngl. Granville Augustus William Waldegrave, 1833-1913), engl. Adeliger, Mitbegründer der Evangelikalen-Bewegung in Rußland.

37 Sergej Semjonowitsch Urussow (1827-1897), bekannter russ. Schachspieler (Urussow-Gambit), Freund Tolstois seit dessen Armeezeit (1852-1857).
38 Leonid Dmitrijewitsch Urussow (1837-1885), 1876-1885 Vizegouverneur von Tula, Freund der Familie Tolstoi.
39 Nikolai Jakowlewitsch Grot (1852-1899), russ. Philosoph, Gründer der Zeitschrift *Woprossy filosofii i psichologii* («Fragen der Philosophie und Psychologie»).
40 Wladimir Sergejewitsch Solowjow (1853-1900), russ. Philosoph, Literaturkritiker und Dichter.
41 Im Oktober 1883 hatte Tolstoi auf dem Weg nach Jasnaja Poljana einen Koffer mit Manuskripten, Korrekturfahnen und Büchern verloren.
42 Russ. «Journal für alle». Illustrierte Literaturzeitschrift, die 1895/1896-1907 monatlich in St. Petersburg erschien.
43 Sofia Tolstaja schrieb am 26. Februar 1901 an den Metropoliten Antoni, den Inhaber eines Bischofssitzes innerhalb des Moskauer Patriarchats. Kopien dieses Briefes sandte Tolstaja an zwei weitere Metropoliten und den Oberprokuror des Synods, d.h. den Vorsteher des leitenden kirchlichen Organs. Der Brief und die Antwort des Metropoliten Antoni wurden in zahlreichen Zeitschriften veröffentlicht.
44 Russ. «Orlower Bote».
45 Leonid Nikolajewitsch Andrejew (1871-1919), russ. Schriftsteller.
46 Nach Niederschrift ihrer *Kurzen Autobiographie* verfaßte Tolstaja einen weiteren (achten) Teil. Das Typoskript der Autobiographie umfaßt die Jahre 1844-1901.
47 1887 begann Tolstaja, Manuskripte ihres Mannes dem Rumjanzew-Museum zur Aufbewahrung zu überge-

ben. Die Eigentumsrechte an den Manuskripten blieben bei der Familie Tolstoi. Der Vertrag darüber wurde im Jahr 1894 erneuert und erweitert. Nach Tolstois Tod wurden die nunmehr im Historischen Museum befindlichen Manuskripte aufgrund von Erbschaftsstreitigkeiten von der Museumsleitung gesperrt. Die Eigentumsrechte Sofja Tolstajas an diesen Manuskripten wurden im Erbschaftsprozeß im Dezember 1914 durch das Gericht bestätigt.
48 1884.
49 Den Verzicht auf die Urheberrechte an den nach 1881 entstandenen Schriften erklärte Tolstoi in einem offenen Brief, der am 19. September 1891 in der Moskauer Tageszeitung *Russkije wedomosti* («Russische Nachrichten») veröffentlicht wurde.
50 In den Jahren 1891–1893 widmete sich Lew Tolstoi gemeinsam mit den bereits erwachsenen Kindern Sergej, Tatjana, Ilja, Lew und Maria der Unterstützung der unter einer Hungersnot leidenden russ. Landbevölkerung.
51 Sergej Iwanowitsch Tanejew (1856–1915). In Tolstois *Kreutzersonate* spielen die Besuche eines Musikers im Haus des Protagonisten Posdnyschew eine entscheidende Rolle: Das gemeinsame Musizieren des Geigers Truchatschewskij mit Posdnyschews Ehefrau löst das verhängnisvolle Eifersuchtsdrama aus, das mit dem Mord Posdnyschews an seiner Frau endet. Beethovens *Kreutzersonate* veranlaßt den Protagonisten außerdem dazu, sich über das Wesen der Musik und ihre verheerende Wirkung auf die Psyche Gedanken zu machen – vgl. dazu die unterschiedlichen Einstellungen des Ehepaares Tolstoi, die Sofja im folgenden zum Ausdruck bringt.

52 1896.
53 Ortschaft im Gouvernement Kaluga. Im dortigen Frauenkloster lebte Tolstois Schwester Maria Nikolajewna Tolstaja seit 1892 als Nonne.
54 Eines der bekanntesten russ. Klöster und berühmter orthodoxer Wallfahrtsort.
55 Iwan Nikolajewitsch Kramskoi (1837–1887), russ. Maler.
56 Krieg zwischen dem Russischen Reich und Japan, der im Herbst 1905 mit der russ. Niederlage endete.
57 Stadt in Zentralrußland, ca. 480 Kilometer südlich von Moskau.
58 Tolstois Tagebücher befanden sich eine Zeitlang bei Wladimir Tschertkow (vgl. Anm. 33) in Verwahrung. Noch zu Lebzeiten Tolstois kam es ihretwegen, wie später wegen des gesamten literarischen Nachlasses, zu erbitterten Auseinandersetzungen zwischen Sofja Tolstaja und Tschertkow. Nach der Rückgabe der Tagebücher deponierte Tolstoi sie in der Staatsbank in Tula, nach seinem Tod gingen die Rechte an den Tagebüchern, wie auch am literarischen Nachlaß, auf die Tochter Alexandra (Sascha) über (vgl. Anm. 63).
59 Tolstoi notierte sein Vermächtnis am 27. März 1895 in seinem Tagebuch. Von diesem Vermächtnis existierten drei Abschriften, die sich in Verwahrung der Tochter Maria Lwowna Obolenskaja (Mascha), des Sohnes Sergej Lwowitsch Tolstoi und Wladimir Grigorjewitsch Tschertkows befanden, wovon Sofja Tolstaja Kenntnis hatte.
60 Da das Vermächtnis aus dem Jahr 1895 keine Rechtskraft besaß, entschloß sich Tolstoi, vermutlich auf Betreiben Wladimir Tschertkows, ein juristisch verbindliches Testament aufzusetzen.

61 Die konsultierten Ärzte und Psychiater diagnostizierten bei Sofja Tolstaja «Hysterie und Paranoia im Anfangsstadium».
62 N.K. Murawjow, Rechtsanwalt und Notar.
63 Im endgültigen Testament setzte Tolstoi die Tochter Alexandra als nominelle Alleinerbin ein und bestimmte Wladimir Tschertkow zum faktischen Nachlaßverwalter.
64 Lew Tolstoi schrieb am 2. August 1910 an Wladimir Tschertkow: «Ich habe schlecht gehandelt und bezahle nun dafür. Schlecht war, daß ich es heimlich tat, da ich meinen Erben Schlechtheit unterstellte, und schlecht handelte ich vor allem deshalb, da ich, als ich ein formelles Testament aufsetzte, eine Institution der Regierung, die ich ablehne, in Anspruch nahm.» In Tschertkows Antwort vom 3. August 1910 heißt es, Tolstoi erfülle durch sein Testament seine «Pflicht vor Gott und den Menschen, indem Sie es nicht zulassen, daß jenes, was Gott und der gesamten Menschheit gehören soll, in das persönliche Eigentum Ihrer Familie übergeht».
65 Pawel Iwanowitsch Birjukow (1860–1931), Freund Tolstois, Autor der ersten Tolstoi-Biographie.
66 Ein offener Brief Wladimir Tschertkows erschien im November 1910 in den *Russkije wedomosti*.
67 Russ. «Russisches Wort», Moskauer Tageszeitung, die 1895–1917 erschien.
68 Bahnstation im Gouvernement Tambow, Kreis Lipezk, ca. 400 Kilometer südöstlich von Moskau gelegen und ca. 150 Kilometer von Jasnaja Poljana entfernt.
69 Früheres russ. Feldmaß. 1 Dessjatine entspricht 1,093 Hektar.

70 Die Stadt Moskau erwarb das Haus der Familie Tolstoi im November 1912. Heute befindet sich dort das Staatliche Tolstoi-Museum.
71 Sofja Tolstaja starb am 4. November 1919.

NACHWORT

Als Ende der 1880er Jahre erste Abschriften von Lew Tolstois *Die Kreutzersonate* in Rußland in Umlauf kamen, war die literarische Welt wie durch ein Erdbeben erschüttert. «Man kann sich nur schwer einen Begriff davon machen, wie es war», berichtet Tolstois Vertraute Alexandra Andrejewna Tolstaja in ihren Erinnerungen. «Noch bevor *Die Kreutzersonate* zum Druck zugelassen war, wurden Hunderte, ja Tausende von Abschriften angefertigt, die von Hand zu Hand gingen, sie wurde in alle Sprachen übersetzt und mit einer unglaublichen Leidenschaft gelesen. Man hätte zuweilen glauben können, das Publikum habe seine eigenen Sorgen gänzlich vergessen und lebe nur noch in und mit der Literatur des Grafen Tolstoi... Wichtige politische Ereignisse haben die Gemüter nur selten so zu erregen vermocht.»

Die Kreutzersonate handelt, so ihr Autor selbst, von der «körperlichen Liebe, den geschlechtlichen Beziehungen zwischen den Ehegatten».

Am Beispiel der Ehe seines Protagonisten Posdnyschew, die mit dessen Mord an seiner vermeintlich ihm untreuen Frau endet, legt Tolstoi seine Kritik an der gesellschaftlichen Auffassung von Liebe und Ehe dar. «Was ist denn das für eine Liebe... Liebe... die die Ehe heiligt?» Diese stockend vorgetragene Frage ist der Auftakt für Posdnyschews Monolog über seine Ehe, die von Beginn an von Mißverständnissen und Zwistigkeiten geprägt war. In seiner Lebensbeichte während einer nächtlichen Zugfahrt negiert er alle gemeinhin geltenden Ansichten über die romantische Liebe. Eine Liebe, die auf der «Übereinstimmung der Ideale, auf geistiger Verwandtschaft» beruhe, existiere nicht, so Posdnyschew, alle Aspekte der Liebe seien bloßer Ausdruck einer unheilbringenden Sexualität, die geradezu zwangsläufig zu Ehebruch oder Gewalttat führen müsse. Erst nachdem er seine Frau ermordet hat, erkennt Posdnyschew ihre Existenz als menschliches Wesen. Die Schlußfolgerung, die Tolstoi seinen Protagonisten ziehen läßt, ist allerdings nicht, daß er sie nicht hätte ermorden, sondern daß er sie nie hätte heiraten dürfen. «Es gibt keine Liebe, es gibt nur das körperliche Verlangen und das vernünftige Bedürfnis nach einem Lebenspartner», hatte Tolstoi bereits als

Junggeselle in seinem Tagebuch konstatiert. In seiner *Kreutzersonate* erhebt er diese pessimistische Einsicht zum Manifest. «Eine christliche Ehe gibt es nicht und hat es nie gegeben», behauptet er in seinem Nachwort.

Der Skandal um Tolstois Erzählung gründete nicht allein in ihrem Sujet, sondern darin, daß die individuelle Geschichte des Protagonisten verallgemeinert wird. Posdnyschews unglückliche Ehe wird als exemplarisch dargestellt. Die Erzählung stellte die verbreiteten Auffassungen von Liebe und Ehe sowie die gesellschaftlichen Konventionen radikal in Frage und wurde als moralisch-sozialkritisches Pamphlet über das Zusammenleben der Geschlechter aufgefaßt. Auch in seinen im didaktischen Nachwort zur *Kreutzersonate* postulierten Thesen, die als «Erläuterung des Themas der Erzählung *Die Kreutzersonate*» zu verstehen seien, formulierte Tolstoi seine grundsätzliche Ablehnung aller gesellschaftlichen Übereinkünfte seiner Zeit bezüglich Liebe und der Institution der Ehe. Er entwarf ein Ideal der Beziehungen zwischen Frau und Mann, das «Enthaltsamkeit, die schon lange im ledigen Stande eine unerläßliche Bedingung der menschlichen Würde ist, in noch höherem Maße im Ehestand» zur Pflicht erhebt.

Bereits in seinen früheren Werken hatte Tolstoi die Themen Liebe, Ehe und Familie immer wieder aufgegriffen und das Ideal einer selbstlosen Liebe entworfen, in der die Frau ihre einzig mögliche Erfüllung in der Fürsorge für Ehemann und Kinder findet. Die Entwicklung der Natascha Rostowa im Roman *Krieg und Frieden* (1868/1869) von der bezaubernden Mädchengestalt zur glücklich verheirateten Ehefrau und Mutter von vier Kindern, die all ihre Talente und Vorzüge nach der Hochzeit preisgibt und vollkommen in ihrer neuen Rolle aufgeht, ist programmatisch für Tolstois damalige Auffassung von Familienglück und der Rolle der Frau. Seine frühe Konzeption von Liebe und Familienleben war ganz den traditionellen Werten verhaftet. Die Suche und das Streben nach Selbsterkenntnis und Lebenszielen außerhalb von Ehe und Mutterschaft war ihm Pervertierung der Weiblichkeit, die die Frau auf einen Irrweg führt und sie vom göttlichen Prinzip entfernt. Ist die Frau bereit, sein Ideal zu leben, überhöht Tolstoi sie, will sie anders leben, ist sie zum Scheitern verdammt.

Von den positiven Frauenfiguren der früheren Werke ist in der *Kreutzersonate* nichts mehr geblieben. In diesem Spätwerk weist Tolstoi der Frau die Rolle der Verführerin zu, deren einziges Ziel «nach Art notorisch verderbter Weibsbilder» darin bestehe, den Mann durch ihre Sinnlichkeit an sich zu binden, und die so seinen Untergang herbeiführe. Opfer der Ehetragödie ist in der *Kreutzersonate* nicht etwa die Frau, sondern Posdnyschew, der sich nur durch den Mord aus den Fesseln der Ehe und Sinnlichkeit befreien kann.

In einer Zeit, in der mit der Aufhebung der Leibeigenschaft im Jahr 1861 auch in Rußland der Aufbruch in die Moderne begann, in einer «Atmosphäre des Frühlings», in der auch das liberale russische Bürgertum erstmals die Frauenfrage diskutierte und sich für die Rechte der Frau einsetzte, waren Tolstois Ansichten für viele eine Provokation. Zahlreiche Zeitgenossen verliehen ihrer Empörung über *Die Kreutzersonate* in Briefen, Artikeln und Pamphleten Ausdruck: «Die beiden Ehegatten haben nichts gemein, keine Ideale, Ideen, ja nicht einmal Gedanken, die sie miteinander austauschen», so der liberale Kritiker Leonid Obolenski. «Die Frau sieht in ihrem Manne kein menschliches Wesen, sondern allein die Quelle ihres Auskommens; und ebenso sieht er in ihr kein menschliches Wesen, sondern allein ein Objekt seiner rohen, tierischen Lust.»

Das Fräulein Sofja Behrs war achtzehn Jahre alt, als es im September 1862 den Grafen Tolstoi heiratete – für westeuropäische Verhältnisse ziemlich jung, nicht aber für russische. Im Rußland des neunzehnten Jahrhunderts war dies das durchschnittliche Heiratsalter für Frauen. Sofja entstammte einer bürgerlichen Familie der russischen Intelligenzija, der Vater war Arzt mit recht gutgehender Praxis.

In der Familie Behrs wurde besonderer Wert auf Erziehung und Bildung der Töchter gelegt, denn dies war das Kapital, mit dem sie, statt mit einer hohen Mitgift, ins Leben entlassen wurden. Vor der Eheschließung hatte Tolstaja 1861 an der Moskauer Universität das Hauslehrerinnenexamen abgelegt, was damals der bestmöglichen Bildung für junge Frauen entsprach. Das Studium an der Universität selbst wurde Frauen erst ein Jahrzehnt später gestattet.

Romantisch verliebt in den viel älteren Grafen und bekannten Schriftsteller, zu dem sie aufsah, war Sofja Tolstaja, obwohl zu Unabhängigkeit und Eigenständigkeit erzogen, bereit, die Überzeugungen und Ansichten ihres Ehemannes über Ehe und Familie zu den ihren zu machen. Das Leben an der Seite und im Dienste des Schriftstellers schien der jungen Frau Rechtfertigung genug, ihr eigenes Ich, ihre eigenen Begabungen zurückzustellen und sich und ihr Dasein ganz ihrem Mann zu widmen.

Nach der Fertigstellung des Romans *Anna Karenina* (1878) geriet Tolstoi in eine geistige Krise. In den folgenden Jahren wandte er sich immer mehr von der Literatur ab und beschäftigte sich mit religiösen und gesellschaftlichen Fragen, übte Kritik am Gesellschaftssystem Rußlands, an den Eigentumsverhältnissen und der sozialen Ungleichheit. Sofja Tolstaja wollte und konnte der neuen Lehre ihres Mannes nicht folgen, es kam zum Bruch zwischen den Ehepartnern, der im Laufe der Jahre zunehmend unüberbrückbar wurde: «Unser Leben ist entzweit: Ich mit den Kindern, er mit seinen Ideen», beschrieb Tolstaja die neue Situation ihrer Ehe in ihrem Tagebuch. «Ich verspüre nicht, wie in früherer Zeit, Interesse an irgendeiner künstlerischen Arbeit. Ich erinnere mich daran, wie ich bei *Krieg und Frieden* darauf wartete, das Tagewerk Lew Nikolajewitschs abschreiben zu können, wie ich fieberhaft eilte, weiter und weiter zu schreiben, immer neue Schönheiten entdeckend. Jetzt aber langweilt mich dies. Ich sollte selbständig anfangen, an etwas zu arbeiten, sonst vertrocknet meine Seele noch ganz.»

Die Kreutzersonate machte den Bruch zwischen den Ehegatten für alle Welt offensichtlich. Sofja Tolstaja war eine der ersten Leserinnen des Manuskripts. Seit Anbeginn ihrer damals fast dreißig Jahre währenden Ehe mit dem Schriftsteller war sie ihm Helferin und Ratgeberin gewesen, hatte seine Werke kopiert und mit ihm diskutiert. «Sonja» – so die Anredeform für Sofja – «schreibt die Erzählung ab, sie ist erschüttert, und gestern nacht sprach sie von der Enttäuschung der jungen Frauen, der Leidenschaft der Männer, die ihnen anfangs so fremd ist... Sie ist ungerecht, denn sie versucht, sich zu rechtfertigen, doch um die Wahrheit zu verstehen und zu suchen, muß man innere Einkehr halten und bereuen», notierte Tolstoi in seinem Tagebuch.

Da die Frau durch ihre Sinnlichkeit zur «Sünde der Fleischlichkeit» verführe, verkörpert sie in Tolstois *Kreutzersonate* das Böse schlechthin. Der Dämon der Sexualität wird auf die Frau projiziert, die einst positiv verklärte Weiblichkeit ist nun Quelle der ständigen Gefahr für den stets nach Sittlichkeit und Erkenntnis strebenden Mann.

Sofja Tolstaja indes lag es fern, jene Schuld, die Tolstoi der Frau aufbürdete, auf sich zu nehmen. Die Bitternis darüber, wie sich ihr Eheleben gestaltete, quälte sie seit den ersten Tagen ihres Zusammenlebens mit dem um fast zwanzig Jahre älteren Mann. *Die Kreutzersonate* riß bei Sofja Andrejewna alte Wunden auf. In ihrem Tagebuch beschäftigte sie sich mit der Erzählung und polemisierte gegen Tolstois Standpunkt: «Überall sagt Posdnyschew: *Wir* gaben uns der tierischen Leidenschaft hin, *wir* empfanden Überdruß – überall *wir*. Dabei hat die Frau eine ganz andere Wesensart, man darf die Empfindungen, zumindest die geschlechtlichen, nicht verallgemeinern; zu unterschiedlich stehen ein Mann und eine reine Frau dem gegenüber», erzürnte sich Sofja Tolstaja über den Protagonisten der Erzählung ihres Mannes.

Am stärksten jedoch verletzte sie, «daß die Erzählung gegen mich gerichtet ist», wie sie am 12. Februar 1891 im Tagebuch notierte. «Sie hat mich vor den Augen der ganzen Welt gedemütigt und den letzten Rest von Liebe zwischen uns zunichte gemacht.» Doch obwohl sie sich gekränkt fühlte, setzte Sofja Andrejewna alles daran, die Veröffentlichung der zunächst von der Zensur verbotenen Erzählung zu ermöglichen, und begab sich sogar selbst in die Hauptstadt Sankt Petersburg, um an höchster Stelle bei Zar Alexander III. die Druckerlaubnis zu erbitten.

Ihr Motiv dafür war, der Öffentlichkeit, die in Sofja Tolstaja das Vorbild für die Protagonistin der *Kreutzersonate* sah, zu zeigen, «wie wenig ich mit einem Opfer gemein habe».

Wie niemandem sonst war Tolstaja als Ehefrau offenbar, wie weit das reale Leben des mittlerweile zum Gewissen seiner Zeit avancierten Schriftstellers Lew Tolstoi von den von ihm postulierten Idealen der Enthaltsamkeit und Askese entfernt war. In den ersten drei Jahrzehnten ihrer Ehe war Sofja Tolstaja sechzehnmal schwanger. Sie gebar dreizehn Kinder und hatte drei Fehlgeburten. Als sie nach der Geburt des fünften Kindes auf ärztlichen Rat hin eine weitere Schwangerschaft zu vermeiden wünschte, hielt Tolstoi dieses Ansinnen für unannehmbar und zog deshalb sogar eine Trennung in Erwägung.

Die Schriftstellergattin, die ihrem eigenen literarischen Talent vor der Hochzeit entsagt und in einem Akt der Selbstaufgabe ihre von Tolstoi gelobte Erzählung *Natascha* zusammen mit ihren Jugendtagebüchern verbrannt hatte, hörte auf, das geistige und literarische Leben ihres Mannes als ihr eigenes zu begreifen. An die fünfzig Jahre alt, begann sie wieder zu schreiben und verfaßte eine Antwort auf die Erzählung des Ehemannes.

Das Sujet ihrer literarischen Replik, deren vollständiger und wörtlich übersetzter Titel *Wessen Fehl? Die Erzählung einer Frau. (Anläßlich der* Kreutzersonate *Lew Tolstois). Niedergeschrieben von der Gattin Lew Tolstois in den Jahren 1892/1893* lautet, entspricht jenem der *Kreutzersonate*: ein verhängnisvolles Ehedrama, das mit dem Mord des eifersüchtigen Ehemannes an seiner von ihm der Untreue verdächtigten Frau endet. Während in Tolstois Erzählung die Geschehnisse jedoch aus der Perspektive des männlichen Protagonisten dargestellt werden, erzählt Sofja Tolstaja die Geschichte vom Standpunkt der Frau aus. «Jenes Unverständnis für die weibliche Reinheit, jene Nichtachtung und jener ewige Verdacht des moralischen Falls, des Betrugs – all dies habe ich selbst durchlebt und wollte es in meinem Roman zum Ausdruck bringen... Ich habe versucht, jenen Unterschied zu zeigen, welcher der Liebe von Mann und Frau innewohnt. Dem Manne ist in erster Linie die körperliche Liebe wichtig, der Frau hingegen das Ideal, die Poesie der Liebe, die Zärtlichkeit und erst zuletzt die geschlechtliche Leidenschaft... Ich schrieb mit großer Begeisterung, *Die Kreutzersonate* von Lew Nikolajewitsch vor Augen, der ich meine Erzählung nachgezeichnet habe.»

Der komplizierten Erzählstruktur der *Kreutzersonate*, in der der Bericht der Ehetragödie durch den Protagonisten Posdnyschew in die Rahmenhandlung einer Zugfahrt eingebettet ist, setzt Sofja Tolstaja die scheinbar objektiv erzählte Geschichte einer Ehe entgegen. «Von einer Liebe, die rein und ideal sein muß, fast so wie ein Gebet», träumt die junge Anna vor ihrer Heirat mit dem fast doppelt so alten Fürsten Prosorski. Doch schon in der ersten Zeit der Ehe folgt die Ernüchterung. Die «Prosa des Lebens» desillusioniert die junge Ehefrau. Immer mehr leidet Anna unter dem Gefühl, lediglich als Objekt der körperlichen Befriedigung ihres Ehemannes wahrgenommen zu werden – dies ist das Leitmotiv der literarischen Entgegnung der Gattin Tolstois. «Sollte denn nur darin unsere weibliche Berufung bestehen, vom körperlichen Dienst für den Säugling zum körperlichen Dienst für den Mann überzugehen? Und das abwechselnd – immerfort! Wo bleibt denn *mein* Leben? Wo bleibe ich? Ich, die einmal nach Höherem gestrebt hat, dem Dienst an Gott und den Idealen?» läßt Sofja Tolstaja die Protagonistin in ihrer Erzählung sagen. Es könnten ihre eigenen Worte sein.

Tolstaja schreibt ihre Erzählung allerdings nicht nur vor dem Hintergrund der *Kreutzersonate*, sondern auch vor dem ihrer Biographie. Die Analogien sind offenbar: Die Erzählung ist voll von ihrem Schmerz über das fehlende Verständnis, die Kränkungen, ewigen Konflikte und Versöhnungen im Zusammenleben mit Tolstoi. Die Heirat eines jungen Mädchens mit einem viel älteren Mann, die ganz und gar nicht romantische Erfahrung der Hochzeitsnacht, die Ernüchterung in den Flitterwochen, die leibeigene einstige Geliebte des Ehemannes, der die junge Ehefrau zu begegnen fürchtet, das Desinteresse des Ehemannes an der Geburt des ersten Kindes und später am Familienleben insgesamt, die ständige Suche nach Anerkennung durch den Ehemann – zahlreiche Elemente der Erzählung finden sich auch in Tolstajas eigenem Lebensweg, wie ihre Tagebücher und auch die in dieser Ausgabe enthaltene Autobiographie bezeugen. Mit gutem Grund hat Elisabeth Cheauré den Text daher einen «autobiographischen Schlüsselroman» genannt.

Während die Frau in Tolstois *Kreutzersonate* auf den Körper reduziert, ja sogar namenlos bleibt, zeichnet Tolstaja ihre Protagonistin nicht nur als ideale Ehefrau und Mutter, sondern auch als Menschen mit künstlerischen Interessen und Begabungen. Die Tragödie der Ehe in Tolstajas Erzählung liegt nicht in der moralischen Niedrigkeit der Frau, sondern im Unvermögen des Mannes, die Frau als ganzen Menschen wahrzunehmen: «Mich braucht er nur als Gegenstand», klagt Tolstajas Protagonistin. Fast im Gleichklang heißt es nach fast vierzig Jahren Ehe im Tagebuch der Autorin: «Für ihn ist die Welt nur das, was seinen Genius, sein Schaffen umgibt. *Er* nimmt von seiner Umgebung nur das, was seinem Talent, seiner Arbeit dienen kann. Alles andere weist er ab. Von mir zum Beispiel nimmt er meine Arbeit des Abschreibens, meine Sorge um sein leibliches Wohl, meinen Körper ... Mein ganzes geistiges Leben ist für ihn ohne Interesse, und er hat keine Verwendung dafür – denn er hat sich niemals die Mühe gemacht, es zu verstehen ... Es tut mir schrecklich weh – und dennoch verehrt die Welt einen solchen Mann.»

Sofja Tolstajas Erzählung ist nur eine von zahlreichen literarischen Antworten auf Tolstois *Kreutzersonate*. Unter Überschriften wie *Ihre Kreutzersonate. Aus dem Tagebuch der Frau Posdnyschew* (Kiew, 1896) oder *Die Pfennig-Sonate. Eine Tollstoifelei* (Leipzig, 1890) setzten sich die Zeitgenossen der europäischen Literatur teils sehr polemisch mit den als rückständig empfundenen Ansichten Tolstois auseinander. Im vielstimmigen Chor der Erwiderungen nimmt die Entgegnung Sofja Tolstajas indes einen besonderen Platz ein: Sie war die einzige Frau, die sich zu Wort meldete und in der damaligen Diskussion um die Geschlechterrollen ihren Standpunkt auf diese Weise verteidigte. Als die Verständigung mit ihrem Ehemann aufgrund der Unvereinbarkeit ihrer Ansichten immer schwieriger geworden war, trat sie mit ihm in einen literarischen Dialog. Den letzten Schritt auf dem Weg zur Emanzipation von ihrem Ehemann ging Sofja Tolstaja jedoch nicht. Obwohl es Ende des neunzehnten Jahrhunderts mit Anna Bunina (1774–1829), Sinaida Wolkonskaja (1789–1862) und Karolina Pawlowa (1807–1893) auch in Rußland bereits weibliche Vorbilder gab, die den Beruf der Schriftstellerin ergriffen hatten, stellte Tolstaja sich selbst und ihr Werk ein weiteres Mal hinter das ihres Mannes zurück und ließ ihre Erzählung unveröffentlicht.

Erst hundert Jahre nach der Niederschrift erstmals auf russisch publiziert, wurde Tolstajas Gegenentwurf zur *Kreutzersonate* bis heute kaum gebührend gewürdigt. Als eine der ersten Schriftstellerinnen Rußlands wagte sich Tolstaja in ihrem Text an das Tabuthema der Sexualität. Möglicherweise ist dies einer der Gründe für die späte Veröffentlichung. Vielleicht aber sollte auch dem großen Schriftsteller Lew Tolstoi die Gegenstimme seiner Frau nicht zugemutet werden, paßt sie doch nicht ins biographische Konzept. Noch zu Lebzeiten Tolstois hatte die Legendenbildung um seine Biographie eingesetzt, die Sofja Tolstaja nicht schonte. Aus der biographischen Literatur kennt man sie als «hysterisches Frauenzimmer», als «Frau, die aus den Zügeln gesprungen ist», die durch ihre Halsstarrigkeit, Nörgelei und Uneinsichtigkeit den genialen Schriftsteller Leo Tolstoi achtzigjährig nötigte, das Landgut der Familie zu verlassen, und ihn damit in den Tod trieb.

Bis heute hat kaum jemand unvoreingenommen auf die Biographie der Schriftstellergattin geblickt. Es ist fast vergessen, daß Sofja Tolstaja selbst künstlerisch begabt war. Sie schrieb und übersetzte, beschäftigte sich mit Malerei und Musik, ihre Fotografien wurden von vielen Seiten hoch gelobt. Tolstajas biographische Arbeiten über Tolstoi und ihre autobiographischen Schriften werden gelesen und zitiert, um das Leben ihres berühmten Mannes zu beleuchten.

Nach der Motivation ihrer Handlungen und ihrer eigenen Persönlichkeit wurde bislang kaum je gefragt. *Eine Frage der Schuld*, ihre Entgegnung auf *Die Kreutzersonate*, läßt ihre Gefühle und Positionen und ihren Lebensweg aus einem anderen Blickwinkel begreifen.

Die «Prosa des Lebens» der Sofja Andrejewna Tolstaja ist freilich nicht nur ein Dokument der Emanzipation Tolstajas von der gewaltigen Übermacht ihres Mannes. Sie habe sich für ein «unterdrücktes literarisches Talent» gehalten, schreibt Viktor Schklowski voller Ironie über Tolstois Ehefrau. Ihre künstlerisch überzeugende Erzählung zeigt indes, daß Herablassung fehl am Platze ist. Mit über hundertjähriger Verspätung zeigt die Veröffentlichung dieses Werkes, daß Tolstaja nicht nur als «wahre Amme des Talents ihres Mannes» ihren Platz in der Literaturgeschichte beanspruchen kann, sondern eine Schriftstellerin eigenen Ranges war, die sehr wohl aus dem Schatten des Ehemannes herauszutreten vermochte.

Ursula Keller

INHALT

Eine Frage der Schuld
(Aus dem Russischen übersetzt von
Alfred Frank)
5

Kurze Autobiographie
der Gräfin Sofja Andrejewna Tolstaja
(Aus dem Russischen übersetzt von
Ursula Keller)
215

Anmerkungen
287

Nachwort
299

Sofja Tolstaja
Lied ohne Worte

Roman
Aus dem Russischen übersetzt von Ursula Keller
Mit einem Nachwort von Natalja Sharandak

256 Seiten, Leinen mit Schutzumschlag
ISBN 978-3-7175-2210-2
€ 19,95 [D]

Der Tod ihrer Mutter stürzt die junge Sascha in eine tiefe Krise. Trost findet sie nicht in ihrer Ehe, sondern in der Begegnung mit dem Musiker Iwan Iljitsch: Mit Mendelssohn Bartholdys «Liedern ohne Worte» weckt er in ihr eine ungekannte, überwältigende Sehnsucht. Einfühlsam erzählt Sofja Tolstaja vom qualvollen Schwanken zwischen Pflichtbewusstsein und Leidenschaft und von der alles umstürzenden Kraft der Musik. Ihr zweites Buch, das jahrzehntelang unveröffentlicht in einem Moskauer Archiv schlummerte, wirft ein weiteres Schlaglicht auf das Eheleben der Tolstois.

«Sofja Tolstaja konnte schreiben: eine selbständige, begabte und intelligente, von den Tolstoi-Biographen bisher bitter verkannte Frau.» *NDR Kultur*

MANESSE
Wenn lesen, dann erlesen.